ÜBER DEN AUTOR

Quentin Tarantino, in Tennessee geboren, wuchs in Los Angeles auf, wo er auch heute wieder lebt und arbeitet. Ohne formale Ausbildung, dafür mit um so mehr Filmen im Hinterkopf – Tarantino hatte sich jahrelang in den Videoarchiven von North Hollywood Werke jeglicher Couleur ausgeliehen und analysiert –, quittierte er seinen Job als Verkäufer und versuchte sich als Schauspieler. Fünf Jahre lang trat er in TV-Serien wie «Golden Girls» auf und spielte in Theaterstücken und Filmen, darunter Jean-Luc Godards «King Lear». Mitte der achtziger Jahre begann Tarantino, Drehbücher zu schreiben. Sein erstes Script «True Romance» verfaßte er im Alter von zwanzig. Mit «Natural Born Killers», «Past Midnight», «Four Rooms» und «From Dusk Till Dawn» folgten weitere Drehbücher, die zu Kinoerfolgen wurden.

Nach einem mehrjährigen Besuch des renommierten Sundance Institute Director's Workshop and Lab, wo er bei Regieveteranen wie Sydney Pollack, Terry Gilliam und Volker Schlöndorff lernte, machte Tarantino sich 1991 erstmals selbst daran, einen eigenen Stoff, «Reservoir Dogs», zu verfilmen. Der Film wurde von der Kritik größtenteils hoch gelobt und verschaffte Tarantino über Nacht Kultstatus.

Seit «Pulp Fiction», seinem 1994 in Cannes mit der «Goldenen Palme» ausgezeichneten zweiten Film, gilt Tarantino als einer der wichtigsten und innovativsten Regisseure des amerikanischen Kinos.

Im Rowohlt Taschenbuch Verlag liegen bereits vor: «Pulp Fiction» (Nr. 13630), «Four Rooms» (Nr. 13955) und «From Dusk till Dawn» (Nr. 13870).

QUENTIN TARANTINO

Reservoir Dogs
Wilde Hunde

DAS BUCH ZUM FILM

ZWEISPRACHIGE AUSGABE

Deutsch von
Horst Müller

Rowohlt

Umschlagfoto: Kinoarchiv Peter W. Engelmeier
Lektorat: Miriam Mandelkow

Deutsche Erstausgabe
Veröffentlicht im Rowohlt Taschenbuch
Verlag GmbH, Reinbek bei Hamburg, Juni 1997
Copyright © 1997 Rowohlt Taschenbuch
Verlag GmbH, Reinbek bei Hamburg
Die Übersetzung wurde von VCL, München/
CINEPHON, Berlin zur Verfügung gestellt
Die Originalausgabe erschien 1995
unter dem Titel «Screenplays by Quentin Tarantino –
Reservoir Dogs/True Romance»
bei Grove Press, N.Y.
Copyright © 1994 by Quentin Tarantino
Interview © 1994 by Graham Fuller und Quentin Tarantino
Alle deutschen Rechte vorbehalten
Satz Sabon + Frutiger (Linotronic 500)
Gesamtherstellung Clausen & Bosse, Leck
Printed in Germany
1290-ISBN 3 499 13946 4

Inhalt

Anmerkung zur zweisprachigen Ausgabe
6

Quentin Tarantino:
Erst die Antworten, dann die Fragen
Ein Interview mit Graham Fuller
7

Reservoir Dogs – Wilde Hunde
(deutsche Drehbuchfassung)
23

Reservoir Dogs
(Originalscript)
129

Grundlage der deutschen Fassung ist das Synchrondrehbuch in der Übersetzung von Horst Müller. Passagen, die im Originalscript noch nicht detailliert ausgeführt wurden, wie Soundtrack und Off-Stimmen, sind in der Synchronfassung mit einer Markierung (senkrechte Linie am Rand) versehen. Später aus dem Film herausgeschnittene Sequenzen wurden auch in die deutsche Übersetzung mit aufgenommen und dementsprechend gekennzeichnet.

Quentin Tarantino:
Erst die Antworten, dann die Fragen

Ein Interview mit Graham Fuller

Quentin Tarantino (Foto von Paul Joyce)

Quentin Tarantino wurde 1963 in Knoxville, Tennessee, geboren, in dem Jahr, in dem Don Siegels *The Killers (Der Tod eines Killers)* und Sergio Leones *A Fistful of Dollars (Für eine Handvoll Dollar)* ebenfalls im Werden begriffen waren – wie Tarantino sicherlich gern bestätigt.

Der Drehbuchautor und Regisseur von *Reservoir Dogs* (1991) und *Pulp Fiction* (1993) und Drehbuchautor von *True Romance* (1993) und *Natural Born Killers* (1994) ist das Extrembeispiel eines vom Kino besessenen Jungen, der seine Obsession mit zweitklassigen Thrillern und Western zum Beruf gemacht hat, und zwar in einer Zeit, da beide Genres von Hollywood wiederentdeckt und neu erfunden werden.

Tarantino wuchs bei seiner Mutter im Süden Kaliforniens auf und betrat die Filmwelt zunächst als eifriger Kinogänger in Scottsdale und später als Videothek-Angestellter in Manhattan Beach, wo er auch Schauspielunterricht nahm. Seine Drehbücher wimmeln vor Anspielungen auf seine damalige Kinokost. *True Romance* zum Beispiel, die Geschichte zweier Jugendlicher, Clarence (Christian Slater) und Alabama (Patricia Arquette), die der Mafia Kokain entwendet haben und deshalb auf der Flucht sind, ist eine ganz bewußte Parallele zu Terrence Malicks *Badlands* (1973), samt Leitmelodie von Erik Satie und der linkischen Erzählstimme der weiblichen Hauptdarstellerin.

Tarantino ist also weniger ein postmoderner Autor als ein post-postmoderner, denn er nimmt begierig gerade die Produkte und Ideen der Popkultur auf (Fernsehen, Rockmusik, Comics und Junk food ebenso wie das Kino), die selbst gleichsam Wiedergeburten früherer Ausdrucksformen sind. Da Badlands selbst wiederum von Filmen wie *They Drive by Night* (*Nachts unterwegs*, 1940), *You Only Live Once* (*Gehetzt*, 1936), *Gun Crazy* (*Guncrazy*, 1992) und von James Dean inspiriert ist, hat *True Romance* einen doppelten Bezugsrahmen. Die ebenso unwahrscheinliche wie komische Debatte über die möglichen Bedeutungen von Madonnas ‹Like a Virgin› am Anfang von *Reservoir Dogs* – Tarantinos Kommentar zu Stanley Kubricks *The Killing* (*Die Rechnung ging nicht auf*, 1956) und/oder Larry Cohens *Q* (*American Monster*, 1982) – ist eine antiintellektuelle Entmystifizierung von Madonna als postfeministischer Ikone, als die sie in Büchern wie «*Madonna: Essays on Sex and Popular Culture*» so unermüdlich gefeiert wird. Es geht Tarantino in dieser Szene nicht um Madonna, sondern darum, was sie repräsentiert.

All das mag nach einer bloßen Rechtfertigung für Tarantinos rauhe, zynische und maßlos unmoralische Drehbücher klingen, die das klassische Krimigenre so respektlos auf den Kopf stellen. Doch ist seine Vorliebe für die Eintagsfliegen der Popkultur von genauso zentraler Bedeutung für seine Filme – sozusagen die Welt, in der sie sich bewegen – wie die rasanten Dialoge, die ausgeklügelten Plots, die plötzlichen Gewaltausbrüche und die verkehrte Psychologie (als beispielsweise die Gangster in *Reservoir Dogs* anonym zusammengeführt werden, bilden sie auf der Stelle Loyalitäten, während der coolste unter ihnen sich als psychopathischer Killer entpuppt und der ungehaltenste als der professionellste). In gewisser Weise ist diese Freude am Widerspruch Tarantinos Visitenkarte, denn er schreibt Schund*(pulp-)*filme für ein Publikum, das mehr will als einen bloßen Schocker, das nicht so furchtbar viel Tolstoj gelesen hat und sogar noch weniger Michael Crichton oder John Grisham, das jedoch ermessen kann, wie blutig ein ‹Douglas-Sirk-Steak› ist – um Tarantinos *Pulp Fiction* zu zitieren. Das Drehbuch zu diesem Film hatte er gerade fertiggestellt, als wir uns im Mai 1993 unterhielten.

Graham Fuller *Haben Sie angefangen, Drehbücher zu schreiben, um Regisseur zu werden, oder gab es bestimmte Geschichten, die Sie als Autor erzählen wollten?*
Quentin Tarantino Ich habe mich nie als Autor begriffen, der

schreibt, um das Zeug zu verkaufen, sondern als Regisseur, der etwas schreibt, um es dann selbst zu realisieren. Mein erstes Drehbuch war *True Romance*. Ich habe es geschrieben, um es dann so umzusetzen, wie es die Coen Brothers mit *Blood Simple* (*Blood Simple – Eine mörderische Nacht*, 1984) gemacht haben, und hätte auch fast Regie geführt. Zusammen mit einem Freund, Roger Avary, wollte ich rund 1,2 Mio. Dollar auftreiben, eine auf den Film beschränkte Gesellschaft gründen und dann mit den Dreharbeiten anfangen. Damit waren wir drei Jahre lang beschäftigt, haben versucht, das Projekt anzukurbeln, und haben es nicht geschafft. Dann schrieb ich *Natural Born Killers*, wieder in der Hoffnung, ihn auch selbst umzusetzen, diesmal für eine halbe Million Dollar – ich wurde immer bescheidener. Nach anderthalb Jahren war ich immer noch am Anfang. Also habe ich aus Frustration *Reservoir Dogs* geschrieben. Mit diesem Projekt wollte ich richtig guerillamäßig vorgehen, wie Nick Gomez mit *Laws of Gravity*. Ich glaubte nicht mehr daran, daß irgend jemand mir Geld geben würde – und in dem Moment habe ich Geld bekommen.

GF *Wie war Ihnen zumute, als Sie* True Romance *und* Natural Born Killers *als Regieprojekte aufgeben mußten?*

QT Nach *Reservoir Dogs* wurde mir für beide die Regie angeboten. Die Produzenten von *Natural Born Killers* – bevor Oliver Stone das Drehbuch kaufte – versuchten verzweifelt, mir die Regie für den Film aufzuschwatzen. Tony Scott und Bill Unger besaßen die Rechte für *True Romance*. Ich hatte Tony überzeugt, die Regie zu übernehmen, aber Bill sagte immer noch: ‹Quentin, möchtest du den nicht als Nachfolger von *Reservoir Dogs* machen?› Und meine Antwort war nein. Ich wollte weder den einen noch den anderen machen, denn beide hatte ich als Vorlagen zu meinem ersten Film geschrieben, und nun hatte ich meinen ersten Film bereits gedreht. Ich wollte nicht zurückgehen und altes Zeug verarbeiten. Für mich sind diese Drehbücher wie Ex-Freundinnen: Ich hatte sie geliebt, aber heiraten wollte ich sie nicht mehr. Besonders freut mich, daß ich bei dem ersten Film, der überhaupt je nach einem Drehbuch von mir produziert wurde, Regie geführt habe.

GF *Wie haben Sie es denn überhaupt geschafft, ihren Platz in der Filmindustrie zu finden?*

QT Als ich diese Sachen schrieb, war die Filmindustrie nicht mal entfernt in Sicht. Reingekommen bin ich schließlich durch den Umzug nach Hollywood, wo ich mich mit Filmemachern angefreundet habe. Einer von ihnen war Scott Spiegel, der gerade das Drehbuch für den Clint-Eastwood-Film *The Rookie* (*Rookie – Der Anfänger*, 1990) geschrieben hatte und Aufträge bekam, für die er keine Zeit hatte. Also schlug er mich statt dessen vor. Und schon war ich dabei, *True Romance* und *Natural Born Killers* als Scripts für Sprechproben zu verschicken, und nach und nach fing ich dann an, für die eine Firma ein bißchen was umzuschreiben und für die nächste ein paar Dialoge aufzupeppen.

GF *Sie behaupten von sich, Sie seien kein Drehbuchautor, aber die Handlungsstränge Ihrer Scripts sind sehr sorgfältig konstruiert und visuell durchdacht. Ihre Figuren nehmen rasch Gestalt an.*

QT Das sollte keine falsche Bescheidenheit sein. Ich bin ein ziemlich guter Drehbuchautor – aber ich betrachte mich selbst immer als Regisseur.

GF *Das Drehbuch zu* Natural Born Killers *ist mit Kameraanweisungen gespickt, also war es eindeutig ein Entwurf für Ihre eigene Regiearbeit. Ken Russell hat einmal erzählt, wie sehr er sich über Scripts ärgert, die ihm vorschreiben, wo er seine Kamera aufzustellen hat.*

QT Ob man einen Film für sich selbst oder für einen anderen Regisseur schreibt, das sind zwei völlig verschiedene Paar Schuhe. Ich will die Drehbuchautoren nicht herabsetzen, aber wenn ich ein ausgewachsener Schriftsteller wäre, würde ich Romane schreiben.

GF *Sie haben Regisseure genannt, die Ihre Arbeit beeinflußt haben – unter anderem Samuel Fuller, Douglas Sirk und Jean-Pierre Melville. Gibt es denn auch bestimmte Drehbuchautoren oder Schriftsteller, denen Sie nacheifern?*

QT Ich halte Robert Towne für einen Drehbuchautor, der seinem Ruf bis ins kleinste gerecht wird. Außerdem bin ich ein Fan von Charles B. Griffith, der früher für Roger Corman geschrieben hat. Doch die meisten meiner Vorbilder sind Romanschriftsteller. Als ich *True Romance* schrieb, war ich gerade auf dem Elmore-Leonard-Trip. In gewisser Weise habe ich versucht, einen Elmore-Leonard-Roman als Film zu schreiben, womit ich nicht behaupten will, daß er genauso gut ist.

GF *Und ältere Schriftsteller? Haben J.M. Cain, Raymond Chandler und Dashiell Hammett bei* Pulp Fiction *Pate gestanden?*

QT Ich weiß nicht so recht, wie sehr die mich beeinflußt haben, gelesen hab ich sie alle, und ich mag sie. *Pulp Fiction* sollte eigentlich ein «Black-Mask»-Film werden – also nach dem Vorbild der Krimihefte aus den dreißiger und vierziger Jahren. Doch ich habe das Drehbuch gerade beendet, und es ist ganz anders geworden; irgendwie hat es eine andere Richtung eingeschlagen. Es gibt noch zwei Schriftsteller, die ich ganz besonders mag, Ben Hecht und Charles MacArthur, sowohl als Dramatiker als auch als Drehbuchautoren. Auf der ersten Seite von *Pulp Fiction* beschreibe ich sogar zwei Figuren, die in ‹Maschinengewehr-Tempo› sprechen, wie in *His Girl Friday* (1940).

GF *Wie entstehen Ihre Drehbücher?*

QT Vor allem spiele ich gern mit der Struktur herum. Ich weiß immer schon, wie mein Script aufgebaut ist, kenne das Warum und Weshalb der Geschichte, bevor ich anfange zu schreiben, doch es gibt immer ein paar unbeantwortete Fragen, irgendwelche Ideen, die ich weiterverfolgen möchte. Ich weiß nicht, wie brauchbar sie sind, aber ich möchte sie ausprobieren. Habe ich einmal mit dem Schreiben angefangen, übernehmen die Figuren das Kommando. Wenn Sie meine Drehbücher lesen, wird Ihnen auffallen, daß die Dialogszenen einfach endlos weitergehen. Ich habe nie einen Drehbuchkurs oder ein Seminar für kreatives Schreiben besucht, doch ich hatte sechs Jahre lang Schauspielunterricht und gehe das Schreiben an, wie ein Schauspieler die Schauspielerei angeht.

GF *Schreiben Sie chronologisch?*

QT Ich muß von Anfang bis Ende durchschreiben, weil die Figuren gewissermaßen die Geschichte erzählen.

GF True Romance *ist chronologisch erzählt, aber in* Natural Born Killers *haben Sie eine Menge Rückblenden eingeflochten und eine lange Sequenz, in der ein Fernsehfilm gedreht wird.* Reservoir Dogs *schließlich ist noch mal ein weiterer Sprung, denn da sind alle Handlungen miteinander verzahnt.*

QT True Romance hatte zunächst eine komplexere Struktur, doch nachdem die Produzenten das Drehbuch gekauft hatten, haben sie es zu einer chronologischen Form zusammengebastelt. In der ursprünglichen Gliederung kamen auch zuerst die Fragen, dann die Antworten, wie bei Reservoir Dogs. Im nachhinein glaube ich, daß meine Version wohl nicht das brauchbarste Script war, das ich je verfaßt habe, aber ich bin immer noch der Meinung, daß es funktioniert hätte. Tony [Scott] fing im Schneideraum sogar an, den Film wieder so zusammenzuschneiden, sagte dann aber, daß es ihn nicht überzeugt.

Ich versuche wohl immer, Strukturen, die ich in Romanen erkenne, auf das Kino anzuwenden. Ein Romanschriftsteller würde eine Geschichte nicht in der Mitte beginnen. Ich dachte mir aber, wenn man genau das mit filmischen Mitteln machen kann, wäre das sehr aufregend. Normalerweise ist die Struktur das erste, was verlorengeht, wenn Romane verfilmt werden. Ich tue das nicht aus Besserwisserei oder um zu zeigen, wie schlau ich bin. Sollte eine Geschichte eine größere Dramatik entwickeln, wenn man sie vom Anfang her erzählt oder vom Ende, dann würde ich sie auch so erzählen. Doch der eigentliche Reiz liegt darin, es nach meinen Vorstellungen durchzuziehen.

GF *Als Sie mit* Reservoir Dogs *anfingen, hatten Sie da eine Struktur oder eine Strategie im Kopf?*

QT Auf jeden Fall. Der ganze Film sollte sich um ein Ereignis drehen, das wir nicht zu sehen bekommen, und alles sollte sich an dem Treffpunkt im Lagerhaus abspielen – was in einem Film über einen Raubüberfall normalerweise zehn Minuten in Anspruch nimmt. Ich wollte den gesamten Film dort ansiedeln und in Realzeit statt in Filmzeit drehen. Außerdem wollte ich die verschiedenen Figuren in unterschiedlichen Sequenzen vorstellen. Wie bei einem Buch: In den ersten drei Kapiteln machen Moe, Larry und Curly etwas, und im vierten Kapitel sehen wir dann Moe vor fünf Jahren. Nach diesem Kapitel sind wir wieder in der Haupthandlung, aber jetzt wissen wir mehr über diesen Typen als vorher.

GF *Gab es verschiedene Fassungen von* Reservoir Dogs*?*

QT Eigentlich nicht. Ich habe es sehr schnell geschrieben, und sechs Monate später haben wir schon gedreht. Die einzige große Änderung der ersten Fassung war, daß ich die Szene, in der Mr Orange seine Klo-Geschichte erzählt – diese ganze Trainingssequenz für den verdeckten Ermittler –, eingefügt habe. Ich hatte sie schon geschrieben, und als dann das Drehbuch fertig war, dachte ich: ‹Das interessiert doch keinen; die wollen alle zurück in die Lagerhalle.› Also hab ich's rausgenommen und in die Schublade gesteckt. Doch während der Dreharbeiten hab ich es ausgegraben und gelesen und gedacht: ‹Quentin, bist du bescheuert? Das hier ist richtig gut. Das mußt du reinnehmen.› Das war die einzige größere Änderung.

Außerdem habe ich die Sprecher in der Anfangsszene immer wieder ausgetauscht. Diese Sequenz durchlief die meisten Veränderungen. Einmal hat Mr Blonde einen bestimmten Dialogteil gesprochen, und nächstes Mal hat Mr White den übernommen, und Soundso sagte dies, und Soundso sagte das. Ich habe einfach dauernd die Abschnitte hin und her geschoben. Das ist schon komisch, denn ich habe das Gefühl, man merkt überhaupt nicht, daß es diese vielen Umstellungen gegeben hat. Aber wahrscheinlich war es gut – genau die richtigen Leute sagen jetzt genau die richtigen Sachen.

GF *Haben Sie während der Dreharbeiten noch in das Drehbuch eingreifen müssen?*

QT Ich habe nur nach den Sprechproben noch ein bißchen geschliffen, weil man da feststellt, welche Stellen einfach nicht funktionieren. Also habe ich die gestrichen. Außerdem improvisieren die Schauspieler zum Teil gezielt oder aus Versehen und sagen irgendwas Witziges, das dann so stehenbleibt.

GF *Ich weiß nicht, ob Sie jemals Michael Powells und Emeric Pressburgers* The Life and Death of Colonel Blimp *(Leben und Sterben des Colonel Blimp, 1943) gesehen haben ...*

QT Nein – ich hatte es immer vor.

GF *Das Schlüsselereignis in der ersten Hälfte des Films ist ein Duell zwischen Roger Livesey und Anton Walbrook. Im Vorfeld wird ziemlich viel geschwafelt über die Regeln und Codes beim Duell. Dann, genau in dem Moment, als das Duell anfängt, schwenkt die Kamera weg, und das Hauptereignis bekommt man überhaupt nie zu sehen. In dem Film passiert mit dem Duell dasselbe, was in* Reservoir Dogs *mit dem Raubüberfall passiert. Meine Frage ist: Betrachten Sie die Aussparung als Teil der Drehbuch-Kunst? Ist das, was Sie auslassen, ebenso wichtig wie das, was Sie tatsächlich schreiben?*

QT Davon bin ich überzeugt. Das gilt sogar für jede Kameraeinstellung: Was nicht im Bild zu sehen ist, ist genauso wichtig wie das, was man sieht. Es gibt Leute, die gerne alles zeigen. Sie wollen nicht, daß das Publikum irgendwas erraten muß; es ist *alles* da. Bei mir ist das anders. Ich habe so viele Filme gesehen, es macht mir Spaß, mit ihnen zu spielen. Bei ungefähr neun von zehn Filmen weiß man schon nach den ersten zehn Minuten, um was für einen Film es sich handelt, und ich glaube, daß das Publikum sich unbewußt dieses Zehn-Minuten-Signal zu Gemüte führt und sich schon mal nach links lehnt, wenn auf der Leinwand eine Linkskurve bevorsteht; die Zuschauer können den Film voraussehen. Und ich verwende diese Information gern gegen sie.

GF *Betrachten Sie Ihre Drehbücher gewissermaßen als ein legitimes Forum für Gewalt?*

QT So sehe ich das nicht. Ich nehme die Gewalt nicht sehr ernst. Ich finde Gewalt sehr komisch, vor allem in den Geschichten, die ich zuletzt erzählt habe. Gewalt ist ein Teil dieser Welt, und die Ungeheuerlichkeit alltäglicher Gewalt zieht mich an. Nicht Menschen, die andere Menschen von Hubschraubern auf flitzende Eisenbahnen herunterlassen, oder Terroristen, die irgendwas kapern oder kidnappen. Alltägliche Gewalt können Sie in einem Restaurant beobachten, wo ein Mann und eine Frau sich streiten, und plötzlich wird der Typ so wütend, daß er ihr eine Gabel ins Gesicht rammt. Das ist total verrückt und comichaft – aber es *passiert*; so boxt und brüllt sich die alltägliche Gewalt in ihren Alltag. Mich interessiert die Tat, der Ausbruch und alles, was darauf folgt. Was tun wir danach? Verprügeln wir den Kerl, der die Frau aufgespießt hat? Bringen wir sie auseinander? Holen wir die Polizei? Ich möchte all diese Fragen beantworten.

GF *Was ist mit der visuellen Ästhetik von Gewalt, die in Ihren Filmen offensichtlich eine große Rolle spielt? In John Woos Filmen zum Beispiel ist die Gewalt nett anzuschauen, wenn man sie als stilisierte Comic-Gewalt betrachtet.*

QT Na, wie gesagt, Gewalt in Filmen macht mich an. Das schlimmste am Kino ist, daß einem die Hände gebunden sind, sobald es um Gewalt geht, was bei Schriftstellern zum Beispiel nicht der Fall ist. Ein Autor wie Carl Hiassen kann alles machen. Je gräßlicher, desto besser für seine Bücher. Bei Filmen hat man diese Freiheit nicht.

GF *Als ich Sie fragte, ob Ihre Filme ein legitimes Forum für Gewalt darstellen, meinte ich damit eigentlich, daß man sich – in gewissen Grenzen, natürlich – auf der Leinwand durchaus anschauen kann, was im Leben unerträglich ist.*

QT Oh, unbedingt. Für mich ist Gewalt ein ausgesprochen ästhetisches Element. Wenn man behauptet, daß man keine Gewalt in Filmen mag, kann man genausogut sagen, daß man keine Tanzszenen in Filmen mag. Ich mag Tanzszenen im Film, aber selbst, wenn dem nicht so wäre, hieße das doch nicht, daß ich Tanzszenen verbieten wollte. Wenn man Gewalt im Film zeigt, wird es immer eine Menge Leute geben, die das nicht mögen, weil es ein Berg ist, den sie nicht erklimmen können. Und das sind ja keine Idioten. Es ist einfach nicht ihr Ding. Und *muß* es auch nicht sein. Es gibt anderes, das sie sich ansehen können. Wer den Berg erklimmen *kann*, dem gebe ich etwas zum Klettern.

GF *Konventionelle Moralvorstellungen werden in Ihren Filmen ins Wanken gebracht. Sie geben Ihren Figuren eine Lizenz zum Töten.*

QT Ich versuche überhaupt nicht, irgendeine Moral oder Botschaft rüberzubringen, aber ich glaube, daß meine Filme trotz allen Irrsinns meist auf einer moralischen Note enden. Zum Beispiel finde ich die Schlußsequenz von *Reservoir Dogs*, zwischen Mr White und Mr Orange, sehr bewegend und tiefgründig in ihrer Moral und ihrer menschlichen Interaktion.

GF *Was meinen Sie, warum wimmelt es in Ihren Drehbüchern derart von Popkultur, Comics und anderen Filmen?*

QT Das bin ich nun mal, ich finde das faszinierend. Wenn ich diese Dinge in einer Einstellung zeige, verpacke ich sie nicht unbedingt in Ironie oder stelle sie zur Schau, damit alle darüber lachen können. Ich versuche, den Spaß daran zu zeigen.

GF *Junk food gehört auch noch dazu.*

QT Cap'n Crunch, Hamburger oder was auch immer! Das ist merkwürdig, denn ich achte in letzter Zeit eigentlich mehr auf meine Ernährung. Ich habe irgendwann eine Liste von schlechten Fast-food-Restaurants erstellt, die ich aufsuchen werde, um Zeug zu essen, das ich wirklich nicht essen will. Sie hängt in meiner Wohnung und sagt mir: ‹Halt dich fern, bis du nicht mehr anders kannst. Dann genieße es. Aber gewöhne es dir nicht an.› Und dann gibt es noch eine Liste, auf der steht: ‹Treffen mit Scott, Roger und den Leuten!›

GF *Sie meinen die Prototypen der Fernsehcrew-Mitglieder in* Natural Born Killers, *die diese Namen tragen?*

QT Genau. Und darunter steht: ‹Ich will es immer noch tun, aber ich darf es nicht zu oft tun, und in anderen Bereichen muß ich mich einschränken, damit ich mich noch mit diesen Typen amüsieren kann.› Und noch einen anderen ganz schlechten Ort gibt es: ‹Die Büroküche› – Cola, Kekse und so 'n Zeug; meide sie. Wertlose Kalorien.

GF *Könnten Sie sich vorstellen, Drehbücher im klassischen Stil zu schreiben, vielleicht mit weniger Anspielungen auf die Popkultur und möglicherweise nicht ganz so wahnsinnig? Einen historischen Film?*

QT Ich möchte gar nicht unbedingt etwas machen, das weniger wahnsinnig ist. Noch nicht. Ich kann Ihnen das an einem Beispiel erläutern. L. M. Kit Carson gab mir sein Script für *The Moviegoer* und deutete an, daß er mich gern für die Regie hätte. Ich habe es gelesen, es hat mir gut gefallen, aber ich habe ihm gesagt: ‹Ich bin noch nicht reif für einen solchen Film.› Nicht, daß meine Arbeit unreif wäre, aber ich beschreite noch meinen eigenen Weg. Irgendwann werde ich ihn verlassen und eine andere Richtung einschlagen oder ein fremdes Drehbuch verfilmen.

GF *Was hat sich an Ihrem Schreiben geändert, seit Sie damit angefangen haben?*

QT Ich glaube, es ist subtiler geworden. Ich forciere es nicht mehr so. Ich weiß, welche Effekte ich erzielen will, und irgendwann kriege ich sie. Ich vertraue mehr darauf, daß alles klappt

– ich muß bloß den Figuren freien Lauf lassen, und dann finden sie schon ihren Weg. Zuerst ist das immer wie ein Blindflug, man hat keine Ahnung, wie man bei dem Script noch die Kurve kriegen soll, wie es enden wird, und in letzter Minute passiert irgendwas ganz Schickes. Bei meinen Drehbüchern geschieht es andauernd, daß die Figuren etwas tun, das mich einfach von den Socken haut. Zu der Folterszene in *Reservoir Dogs* versuche ich Leuten immer wieder zu erklären, daß ich mich nicht hingesetzt habe mit dem Vorsatz: ‹Okay, jetzt schreibe ich mal so 'ne richtig fiese Folterszene.› Als Mr Blonde ein Rasiermesser aus seinem Stiefel holte, wußte ich nicht, daß er ein Rasiermesser in seinem Stiefel hatte. Es war eine Überraschung für mich. Das passiert mir ständig beim Schreiben. Ich vergleiche es immer mit der Schauspielerei. Wenn man improvisiert, sagt oder tut man ganz plötzlich etwas, das den Moment zur Szene werden läßt. Und so ist es auch beim Schreiben. Noch eine Sache, die ich durch die Schauspielerei gelernt habe, ist, daß alles, was dich an einem Tag beschäftigt, irgendwie in die eigene Arbeit eingehen muß. Wenn nicht, verschließt du davor die Augen.

Grundsätzlich fange ich nicht mit neuen Ideen an. Ich habe einen Vorrat von Ideen im Kopf, die vor fünf oder sechs Jahren entstanden sind, und wenn es soweit ist, daß ich ein neues Drehbuch anfange oder darüber nachdenken will, was ich als nächstes schreibe, krame ich darin rum und finde die richtige Idee. Sie brauchen Zeit, um sich zu entwickeln. Es kommt vor, daß ich eine Idee heraushole und mir sage: ‹Okay, die hier ist noch nicht soweit. Laß sie noch ein wenig ruhen und reifen. Nimm statt dessen diese.› Über kurz oder lang möchte ich sie alle verwirklichen; ich weiß, daß das nicht geschieht.

GF *Haben Sie schon vorher die komplette Story im Kopf?*
QT Ich fange immer mit Szenen an, die ich ganz bestimmt verwende, und Szenen aus Scripts, die ich nie beendet habe. Jedes Drehbuch besteht mindestens aus zwanzig Seiten, die ich

anderen Projekten entnehme. Die Idee zu *Pulp Fiction* kam mir vor langer Zeit, und im Schneideraum, wo wir gerade *Reservoir Dogs* fertigstellten, fiel mir dann ein, wie ich diese Idee umsetzen würde. Ich dachte permanent darüber nach, viel mehr als sonst. Normalerweise, wenn ich an nichts anderes denken kann als an das Drehbuch, schreibe ich es. Im Studio ging es nicht, aber ich bin schließlich für ein paar Monate nach Amsterdam gezogen und habe dort angefangen, *Pulp Fiction* zu schreiben. Nachdem ich sechs oder sieben Monate darüber nachgedacht hatte, kam plötzlich ganz was anderes dabei heraus. Obwohl der Film in Los Angeles spielt, hat mich dieses ganze merkwürdige Zeug von wegen ‹Das erste Mal in Europa› schwer beeinflußt und ist in das Drehbuch eingegangen. So wurde eine Geschichte, die schon fünf Jahre lang existierte und eigentlich einem klassischen Genre folgte, während des Schreibens zu etwas ganz Persönlichem. Nur so kann die Arbeit gut werden – indem sie persönlich wird.

GF *Die wievielte Fassung geben Sie aus der Hand?*

QT Wenn ich ein Drehbuch aus der Hand gebe, ist es meist so die dritte Fassung. Darum fühle ich mich damit auch ziemlich wohl und kann sagen: ‹Wenn es dir nicht gefällt, dann mach es halt nicht, denn ich werde es genau so machen.›

GF *Nehmen Sie die Korrekturen schon während des Schreibens vor, oder fangen Sie mit Ihren Änderungen noch mal von vorn an?*

QT Ich feile geringfügig an den Szenen herum, während ich schreibe. In der Regel versuche ich einfach, weiterzumachen.

GF *Schreiben Sie nachts?*

QT Spätabends.

GF *Auf dem Computer?*

QT Nein, ich kann nicht richtig tippen. Wenn ich weiß, daß ich ein Drehbuch schreibe, gehe ich in einen Schreibwarenladen und kaufe mir ein Heft mit achtzig oder hundert Seiten, die man rausreißen kann, und ich sage mir: ‹Okay, dies ist das

Heft, in das ich *Pulp Fiction* oder was immer schreiben werde.›
Dann kaufe ich mir noch drei rote und drei schwarze Filzstifte.
Ich mache daraus ein großes Ritual. Alles rein psychologisch.
Ich behaupte immer, daß man auf dem Computer keine Gedichte schreiben kann, aber dieses Heft kann ich mitnehmen,
ich kann in Restaurants schreiben, bei Freunden, im Stehen, im
Bett – überall. Es sieht nie wie ein Drehbuch aus; es sieht immer aus wie Richard Ramirez' Tagebuch – das Tagebuch eines
Verrückten. Erst in der letzten Phase, wenn ich es abtippe, sieht
es zum ersten Mal wie ein Drehbuch aus. Dann kürze ich Dialoge und ändere Stellen, die vorher nicht funktionierten.
GF *Genießen Sie diesen Prozeß?*
QT Meistens fürchte ich, daß es ganz schrecklich wird, und
dann macht es mir wahnsinnigen Spaß.
GF *Fließt es aus Ihnen heraus?*
QT Wenn nicht, arbeite ich eben nicht an dem Tag. Wenn ich
die Figuren nicht zum Sprechen bringen kann, dann laß ich's
sein. Wenn *ich* den Figuren die Worte in den Mund lege, ist das
hohles Zeug. Aufregend wird es erst, wenn eine Figur etwas
sagt und ich denke: ‹Wow, das hat der wirklich gesagt? Ich
wußte gar nicht, daß er eine Frau hat› oder, ‹ich wußte nicht,
daß er so empfindet!›
GF *Also versuchen Sie das Verborgene zu entdecken?*
QT Ganz genau. Darum könnte ich auch nie ein Treatment
schreiben, in dem die gesamte Geschichte von Anfang bis Ende
festgelegt wird. So schreibe ich nicht. Es gibt Fragen, die ich gar
nicht beantworten will, bis ich mit dem Schreiben anfange.

(Deutsch von Miriam Mandelkow)

Reservoir Dogs

Wilde Hunde

(deutsche Drehbuchfassung)
Horst Müller

RESERVOIR DOGS wurde uraufgeführt bei den Filmfestspielen in Cannes 1992.

STAB UND BESETZUNG

MR WHITE (LARRY)	Harvey Keitel
MR ORANGE (FREDDY)	Tim Roth
MR BLONDE (VIC)	Michael Madsen
DER NETTE EDDIE	Chris Penn
MR PINK	Steve Buscemi
JOE CABOT	Lawrence Tierney
HOLDAWAY	Randy Brooks
MARVIN NASH	Kirk Baltz
MR BLUE	Eddie Bunker
MR BROWN	Quentin Tarantino
TEDDY	Michael Sottile
ERSCHOSSENER POLIZIST	Robert Ruth
JUNGER POLIZIST	Lawrence Bender
Casting	Ronnie Yeskel
Musik	Karyn Rachtman
Kostüm	Betsy Heimann
Künstlerische Gestaltung	David Wasco
Schnitt	Sally Menks
Kamera	Andrzej Sekula
Ausführende Produzenten	Richard N. Gladstein
	Ronna B. Wallace
	Monte Hellman
Co-Produzent	Harvey Keitel
Produzent	Lawrence Bender
Buch und Regie	Quentin Tarantino

INNEN. TAG. UNCLE BOB'S PANCAKE HOUSE.

Acht Männer in schwarzen Anzügen sitzen beim Frühstückskaffee um einen Tisch herum. Es sind Mr White, Mr Pink, Mr Blue, Mr Blonde, Mr Orange, Mr Brown, der nette Eddie Cabot und der große Boss, Joe Cabot. Die meisten von ihnen haben ihr Frühstück beendet und unterhalten sich beim Kaffee. Joe blättert in einem kleinen Adreßbuch. Mr Brown läßt sich lange und umständlich über Madonna aus.

MR BROWN Ich sage euch, worum es in «Like A Virgin» geht. Dieser Song handelt von einem Mädchen, das auf 'n Kerl mit 'nem großen Schwanz scharf ist. Das Ganze ist eine Metapher über große Schwänze.

MR BLONDE Das ist doch Unsinn, es geht um ein sehr verwundbares Mädchen, das schon auf ein paar Kerle reingefallen ist und einen sehr sensiblen Typen kennenlernt.

MR BROWN Na, das ist ja nun die Version für Kerle, die sich die Hose mit der Kneifzange anziehen.

JOE *(blättert im Adreßbuch)* ... Toby? Wer, zum Teufel, ist Toby?

MR BROWN «Like A Virgin» ist nicht die Geschichte irgendeines sensiblen Mädchens, das einen netten Kerl kennenlernt. Darum geht es in dem Song «True Blue», doch das hab ich auch nie bestritten.

MR ORANGE Von wem ist denn «True Blue»?

EDDIE Na, sag mal, du hast noch nie «True Blue» gehört? Das war doch ein Riesenhit von Madonna! Du scheinst weder Radio zu hören noch fernzusehen, sonst hättest du bestimmt schon mal was von «True Blue» gehört.

MR ORANGE Ich hab ja nicht gesagt, daß ich noch nie was davon gehört habe, sondern gefragt, von wem das ist. Außerdem steh ich nicht so auf Madonna.

MR WHITE Mir kann sie auch gestohlen bleiben.

MR BLUE   Mir haben ihre ersten Titel gefallen. «Borderline», zum Beispiel. Aber seit sie mit «Papa Don't Preach» rauskam, steh ich nicht mehr drauf.
MR BROWN   Hey, ihr bringt mich ja völlig aus dem Konzept, ich wollte doch gerade was sagen. Wo war ich stehengeblieben?
JOE   Ach, Toby, das ist doch diese kleine Chinesin. Wie war noch gleich ihr Nachname?
MR WHITE   Was ist das?
JOE   Ach, das ist ein altes Adreßbuch, das ich in einer Jacke gefunden habe, die mir schon lange nicht mehr paßt. Wie war bloß ihr Nachname?
MR BROWN   Wovon, zum Teufel, hab ich gesprochen?
MR PINK   Du hast gesagt, «True Blue» handelt von einem Mädchen, das einen netten Kerl trifft. Aber «Like A Virgin» wäre eine Metapher über große Schwänze.
MR BROWN   Gut! Ich werde euch sagen, worum es bei «Like A Virgin» geht. Es geht da um eine Fotze, eine richtiggehende Fickmaschine. Ich rede von morgens, mittags, abends, einen nach dem anderen. Schwanz auf Schwanz auf Schwanz auf Schwanz auf Schwanz auf Schwanz auf Schwanz auf Schwanz auf Schwanz auf Schwanz!
MR BLUE   Wie viele Schwänze sind das?
MR WHITE   Na, reichlich.
MR BROWN   Na, jedenfalls trifft sie eines Tages diesen John-Holmes-Typen, und sein 30-Zentimeter-Lümmel haut sie um.* Dieser Typ wird durch sein Ding zum Maulwurf. Er gräbt damit Tunnel. Also, er fickt sie so richtig durch. Und sie spürt etwas, was sie lange nicht mehr gespürt hat. Schmerz, richtige Schmerzen.
JOE   Chew? Toby Chew?

---

* (A. d. Ü.: John Holmes = bekannter amerikanischer Pornostar der 70er Jahre mit über 30 Zentimeter Mannesstolz. Bekanntester Film: «Deep Throat»)

MR BROWN Es tut weh. Es tut ihr richtig weh. Und das ist erstaunlich. Sie hat vorher schließlich genug rumgebumst, aber als dieser Schwanz sie durchfickt, tut es weh. Es tut genauso weh wie beim ersten Mal. Versteht ihr, der Schmerz erinnert diese Fickmaschine daran, wie es war, entjungfert zu werden. Und daher heißt dieser Titel «Like a Virgin».
Allgemeines Gelächter
JOE Wong!
Mr White reißt Joe das Adreßbuch aus der Hand. Sie prügeln sich drum, aber nicht ernsthaft.
MR WHITE Jetzt gib dieses verdammte Ding endlich her!
JOE Was, zum Teufel, bildest du dir ein? Gib mir sofort das Buch wieder!
MR WHITE Ich hab diesen Unsinn langsam satt, Joe! Ich geb's dir wieder, wenn wir gehen.
JOE Was soll das heißen, wenn wir gehen? Ich will's sofort wiederhaben!
MR WHITE Seit über einer Viertelstunde brummelst du mir dauernd irgendwelche Namen vor. Toby. Toby ... Toby ... Toby Wong ... Toby Wong ... Toby Wong ... Toby Chang ... oder vielleicht Charlie Chan.* Mit dem linken Ohr muß ich mir dauernd was über Madonnas Schwänze anhören, und von rechts brabbelst du mir ständig was von deiner Japsenbraut vor.
JOE Was geht's dich an?
MR WHITE Viel, wenn du so nervst.
JOE Gib mir das Buch wieder!
MR WHITE Und du wirst es auch wegstecken?
JOE Ich werde damit tun, was ich für richtig halte.
MR WHITE Tja, ich fürchte, dann muß ich es wohl noch eine Weile behalten.
MR BLONDE He, Joe! Soll ich den Kerl für dich erschießen?

* (A. d. Ü.: Detektivfigur)

MR WHITE So 'n Quatsch! Wenn du mich nicht nur im Traum erschießen willst, dann mußt du schon früher aufstehen.
EDDIE Habt ihr vielleicht neulich diese Hitparade mit Songs der 70er Jahre im Radio gehört?
MR PINK Oh, ja, Mann! Das war wirklich großartig.
EDDIE Na, und habt ihr auch die Songs erkannt, die da gespielt wurden?
MR PINK Weißt du, was ich neulich gehört habe? «Heartbeat – It's Lovebeat» von Little Tony DeFranco und der DeFranco Family. Das hab ich schon seit der High School nicht mehr gehört.
EDDIE Als ich auf dem Weg hierher war, wurde «The Night The Lights Went Out In Georgia» im Radio gespielt. Ich kenne dieses Lied, seit es ein Hit wurde. Und seitdem habe ich es bestimmt eine Million Mal gehört. Aber vorhin habe ich zum ersten Mal begriffen, daß die Sängerin diejenige war, die Andy erschossen hat.
MR BROWN Was denn? Du wußtest nicht, daß Vicky Lawrence diesen Andy abgeknallt hat?
EDDIE Ich hab immer gedacht, diese Nutte hätte ihn erschossen.
MR BLONDE Aber das wird doch alles am Ende des Songs erzählt.
EDDIE Das weiß ich doch jetzt, du Blödmann. Das hab ich ja heute zum ersten Mal gehört, genau davon rede ich ja. An dieser Stelle muß ich jedesmal geistig abgeschaltet haben.
JOE Also gut.
Die Kellnerin kommt mit der Rechnung und einer Kanne Kaffee an den Tisch.
KELLNERIN Möchte noch jemand Kaffee?
JOE Nein, wir gehen gerade. Ich übernehm die Rechnung.
Sie gibt ihm die Rechnung.
KELLNERIN Hier. Können Sie bitte an der Kasse zahlen?
JOE Natürlich.

KELLNERIN Und einen wunderschönen Tag noch.
Alle murmeln höfliche Entgegnungen. Die Kellnerin geht, und Joe steht auf.
JOE Ich regle das mit der Rechnung. Ihr könnt ja das Trinkgeld geben. Das macht ungefähr 'n Dollar für jeden. *(zu Mr White)* Und wenn ich wieder da bin, will ich mein Buch zurück.
MR WHITE Tut mir leid, das Buch ist jetzt meins.
JOE Also, ich habe meine Meinung geändert. Du kannst diesen Burschen ruhig abknallen.
Mr Blue zielt mit seinem Finger auf Mr White. Mr White tut so, als sei er getroffen worden. Joe geht zur Kasse.
EDDIE Na gut. Rückt mal alle was raus für die Kellnerin.
Jeder holt einen Dollar heraus und wirft ihn auf den Tisch. Außer Mr Pink.
EDDIE Na komm schon, gib was dazu!
MR PINK Nein, ich gebe nie was.
EDDIE Du gibst nie was?
MR PINK Nein, ich halte nichts davon.
EDDIE Du hast niemals Trinkgeld gegeben?
MR BLONDE Weißt du, was diese Mädels verdienen? So gut wie nichts.
MR PINK Komm mir doch nicht damit! Wenn sie zuwenig verdient, kann sie kündigen.
Alle lachen.
EDDIE Nicht mal das geizigste Arschloch würde sich trauen, so was zu sagen. Also wenn ich dich richtig verstehe, hast du noch nie Trinkgeld gegeben?
MR PINK Ich gebe nichts, bloß weil die Gesellschaft es vorschreibt. Na schön, ich gebe was, wenn jemand das verdient hat, weil er sich wirklich Mühe gegeben hat, dann gebe ich auch mal ein Trinkgeld, aber diese automatischen Trinkgelder sind doch völliger Blödsinn. Wenn du mich fragst, machen die einfach nur ihren Job.

MR BLUE Na ja, die Kleine war doch sehr nett.
MR PINK Sie war ganz in Ordnung. Aber sie war auch nichts Besonderes.
MR BLUE Na, was erwartest du denn? Daß sie dir vor allen Leuten einen runterholt?
Alle lachen.
EDDIE Das wäre mir sogar sehr viel Trinkgeld wert.
MR PINK Also, ich hatte doch Kaffee bestellt. Und während der ganzen Zeit, die wir hier sitzen, hat sie meine Tasse nur dreimal nachgefüllt. Aber wenn ich Kaffee bestelle, erwarte ich, daß sie das sechsmal tut.
MR BLONDE Und was ist, wenn sie zu beschäftigt ist?
MR PINK So etwas wie «zu beschäftigt» kommt im Wortschatz einer guten Kellnerin nicht vor.
EDDIE Entschuldige mal, Mr Pink, aber das letzte, was du jetzt brauchst, ist noch eine Tasse Kaffee.
Alle lachen.
MR PINK Also weißt du, diese Leute nagen doch nicht am Hungertuch. Die bekommen den Mindestlohn. Als ich damals für den Mindestlohn arbeiten sollte, da bekam ich leider keinen von den Jobs, die die Gesellschaft für trinkgeldwürdig hält.
MR BLUE Ist es dir egal, daß sie auf Trinkgeld angewiesen sind?
Mr Pink reibt Daumen und Zeigefinger aneinander.
MR PINK Weißt du, was das ist? Das ist die kleinste Violine der Welt, und die spielt nur für die Kellnerinnen.
MR WHITE Du hast doch überhaupt keine Ahnung, wovon du redest. Diese Frauen reißen sich den Arsch auf. Das ist harte Arbeit.
MR PINK Genauso hart wie bei McDonalds, aber da würdest du auch kein Trinkgeld geben, oder? Und wieso nicht? Da wirst du doch auch bedient, aber nein, unsere Gesellschaft sagt, diesen Leuten hier gibt man nichts, aber man gibt den Leuten dort was. Das ist doch Blödsinn.

MR WHITE Der Beruf der Kellnerin stellt die meisten Arbeitsplätze für Frauen ohne Hochschulabschluß in diesem Land. Das ist der einzige Job, den praktisch jede Frau kriegen und davon leben kann. Und zwar deswegen, weil man Trinkgeld gibt.

MR PINK Mir doch egal!

Alle lachen.

MR PINK Es tut mir zwar sehr leid, daß man deren Trinkgelder besteuert, das ist beschissen, aber nicht mein Fehler. Mir scheint, die Kellnerinnen gehören zu den vielen Berufsgruppen, die regelmäßig von der Regierung verarscht werden. Ich würde sofort ein Volksbegehren unterschreiben, das die Regierung zwingt, das zu lassen. Meine Stimme habt ihr. Aber wenn es so läuft wie jetzt, kann ich nicht mitspielen. Und was die Sache mit dem Hochschulabschluß betrifft, dazu fällt mir auch was ein. Die sollen lernen, Maschine zu schreiben. Und wenn du von mir erwartest, daß ich denen die Miete finanziere, bist du schief gewickelt.

MR ORANGE Mich hat er überzeugt, gib mir meinen Dollar wieder!

EDDIE He! Laß bloß das Geld da liegen!

Alle lachen. Joe kehrt zum Tisch zurück.

JOE Na los, Freunde, laßt uns von hier verschwinden. Moment mal! Wer hat denn hier nichts dazugetan?

MR ORANGE Mr Pink!

JOE *(zu Mr Orange)* Mr Pink?
(zu Mr Pink) Wieso nicht?

MR ORANGE Weil er nie was gibt.

JOE *(zu Mr Orange)* Weil er nie was gibt?
(zu Mr Pink) Wieso gibst du kein Trinkgeld?

MR ORANGE Weil er nichts davon hält.

JOE *(zu Mr Orange)* Maul halten!
(zu Mr Pink) Nun spuck schon 'n Dollar aus, du geiziger kleiner Bastard, immerhin hab ich dein Frühstück bezahlt.

MR PINK Na gut, da du das Frühstück bezahlt hast, gebe ich was dazu. Aber normalerweise würde ich das nie tun.

JOE Es ist mir egal, was du normalerweise tun würdest, du sollst nur deinen Teil dazugeben wie jeder andere auch. Danke.

Die acht Männer stehen auf, um das Lokal zu verlassen. Im Vordergrund ist Mr Whites Taille. Als er sein Jackett zuknöpft, sehen wir für einen kurzen Augenblick, daß er eine Waffe darunter trägt. Sie verlassen Uncle Bob's Pancake House und unterhalten sich dabei. Während sie hinausgehen, ertönt eine Stimme aus dem Radio.

K-BILLY *(Off-Text)* Das war die Partridge Family mit «Doesn't Somebody Want To Be Wanted», gefolgt von Edison Lighthouse mit «Love Grows Where My Rosemary Goes». Und weiter geht's mit K-Billys Super-Oldie-Hitparade der 70er Jahre.

AUSSEN. TAG. VOR UNCLE BOB'S PANCAKE HOUSE.
TITEL. VORSPANN.

Wenn der Vorspann beendet ist, wird das Bild ausgeblendet. Aus dem Off hören wir Schmerzensschreie. Jemand brüllt:

JEMAND *(off)* Oh, Gott! Scheiße! Ich werde sterben. Ich werde sterben. Ja, ich werde sterben. Ich weiß es, ich weiß, ich werde sterben.

Durch die Schreie hindurch hören wir ein Auto, das mit quietschenden Reifen durch dichten Verkehr fährt.

Durch die Schreie und den Verkehrslärm hindurch sagt jemand anders:

JEMAND ANDERS *(off)* Halte durch, Kumpel.

JEMAND *(off)* Ich werde sterben.

Jemand hört für einen Moment auf zu schreien und sagt:

(off) Es tut mir leid. Ich wünschte, sie hätte mich umgelegt.

Einer dieser Männer ist ein Bulle.

Und am Ende wird nur noch einer am Leben sein.

SCHNITT AUF:
INNEN. TAG. FAHRENDES FLUCHTAUTO.

Mr Orange liegt auf der Rückbank und schreit. Er hat einen Bauchschuß abbekommen. Er und die Rückbank sind voller Blut. Mr White sitzt am Steuer des Fluchtautos. Mit mindestens achtzig Meilen schlängelt er sich durch den Verkehr. Obwohl er um sein Leben rast, spricht er weiter mit dem Verwundeten.
Sie sind allein im Wagen.

MR WHITE   He. Nun hör auf mit der Scheiße, und zwar sofort! Du hast eine sehr schwere Verletzung abgekriegt. Aber du wirst nicht sterben.

MR ORANGE   *(heult)* Nein, du lügst doch! Ich, all dieses, ... dieses ganze Blut jagt mir eine schreckliche Angst ein, Larry! Ich weiß, daß ich sterben muß.

MR WHITE   Aha! Entschuldige, aber ich wußte gar nicht, daß du auch Arzt bist. Also, hast du Medizin studiert? Bist du Arzt? Los, antworte mir, bist du Arzt?

MR ORANGE   Nein, bin ich nicht, bin ich nicht.

MR WHITE   Na gut. Dann gibst du also zu, daß du nicht weißt, wovon du sprichst. Also, wenn du mit deiner Amateur-Diagnose fertig bist, dann sperr mal die Ohren auf und hör mir zu, ich bringe dich jetzt zu unserem Treffpunkt. Joe organisiert dir einen Arzt. Der Doktor flickt dich zusammen, und du wirst wieder gesund. Na los, sag es! Du wirst wieder gesund.

Mr Orange reagiert nicht. Mr White fängt an, aufs Steuerrad zu hämmern.

MR WHITE   Nun sag diese verdammten Worte: Du wirst wieder gesund. Sag sie!

MR ORANGE   Ja, Larry.

Mr WHITE   *(sanft)* Gut so.

MR ORANGE   Ich werde gesund.

INNEN. TAG. LAGERHAUS.

Die Kamera vollzieht einen 360-Grad-Schwenk im Innern eines leerstehenden Lagerhauses. Dann wird eine Tür aufgestoßen, und Mr White schleppt den blutüberströmten Körper von Mr Orange herein.
Mr Orange stöhnt unentwegt laut vor sich hin. Mr White legt ihn auf eine Matratze auf dem Boden.

MR WHITE Sieh mal, wo wir sind, wir haben's geschafft. Sieh doch mal.

MR ORANGE Larry, du wirst mich doch retten, oder? Rette mich bitte!

MR WHITE Wir sind jetzt im Lagerhaus. Jetzt sei mal ein harter Junge! Wer ist der harte Junge? Nun komm schon, wer ist der harte Junge?

MR ORANGE Ich bin ein harter Junge, Larry.

MR WHITE Wer ist ein harter Junge? Okay. Okay. Wir sind im Lagerhaus. Sieh doch mal, wo wir sind! Wir haben's geschafft! Wir haben's geschafft! Wir haben's verdammt noch mal geschafft! Wir haben's verdammt noch mal geschafft! Wir sind im Lagerhaus. Sieh doch, wo wir sind! Sieh doch mal, wo wir sind! Halte durch, mein Freund. Halte durch! Halte durch! Halte durch!

MR ORANGE Oh, Scheiße!

Mr Orange wirft sich auf der Matratze hin und her.

MR WHITE Halt den Kopf still! Du haust sonst noch ein Loch in den Boden. Du willst doch hier nichts kaputtmachen, oder?

MR WHITE Halte durch, Kumpel. Halte durch und warte auf Joe. Ich kann nichts weiter für dich tun, aber wenn Joe erst hier ist, und das wird sicher bald sein, dann kann er sich um einen Arzt für dich kümmern. Okay? Wir warten hier einfach auf Joe. Auf wen warten wir hier?

MR ORANGE Auf Joe.
MR WHITE Und ob wir das tun.
MR ORANGE Larry, ich hab so eine wahnsinnige Angst, Mann. Könntest du mich im Arm halten?
MR WHITE Ja, natürlich.
Mr White nimmt Mr Orange ganz behutsam in den Arm. Während er ihm über den Kopf streicht, flüstert er ihm zu:
MR WHITE *(flüstert)* Jetzt werden wir dich erst mal wieder schön machen. Nur zu, hab ruhig Angst. Du warst heute schon mutig genug. Du mußt dich jetzt einfach entspannen. Okay? Du wirst auf keinen Fall sterben, du wirst wieder gesund. Wenn Joe erst hier ist, wird er dich zusammenflikken lassen.
Mr White legt Mr Orange wieder hin. Er hält immer noch seine Hand. Mr Orange blickt seinem Freund ins Gesicht.
MR ORANGE Larry, ich will nicht aufdringlich sein, aber ich brauche schnell einen Arzt. Ich scheiß auf den Knast, ich will bloß nicht sterben.
MR WHITE Du wirst nicht sterben, klar?
MR ORANGE Aber bin ich nicht sehr schwer verletzt, Larry?
MR WHITE Es sieht nicht gut aus. Nein.
MR ORANGE He, Larry. Ich möchte dir für deine Hilfe danken. Ich bin vorhin etwas in Panik geraten. Aber jetzt blicke ich wieder voll durch. Es ist doch so, daß ich einen Bauchschuß habe. Ohne medizinische Hilfe werde ich bald elend verrecken.
MR WHITE Ich kann dich nicht ins Krankenhaus bringen.
MR ORANGE Scheiß auf den Knast, Mann! Du kannst mich doch einfach vor dem Krankenhaus auf der Straße abladen. Da schmeißt du mich aus dem Auto. Den Rest erledige ich schon selbst. Ich werde dich nicht verraten, Mann! Ich werde denen nichts erzählen. Ich schwöre, ich werde euch nicht verraten, Mann. Sieh mir in die Augen, Larry! Sieh mir in die Augen.

Mr White sieht ihm in die Augen.
Ich verspreche, daß ich niemandem etwas sage. Du brauchst keine Angst zu haben.

MR WHITE Du wirst nicht sterben, Junge. Hast du verstanden? Hör doch mal zu! Du wirst wieder gesund. Zusammen mit der Kniescheibe sind die Eingeweide die schmerzempfindlichsten Körperteile, die man treffen kann.

MR ORANGE Oh, Scheiße!

MR WHITE Aber es dauert sehr lange, bis man daran stirbt. Ich spreche hier von Tagen. Du wünschst dir, du wärst tot, aber du kannst noch tagelang weiterleben mit deiner Wunde, und die Zeit arbeitet für dich. Wenn Joe kommt, sorgt er dafür, daß ein Arzt dich auf der Stelle wieder zusammenflickt. Du weißt doch, wie Joe das macht. Er hat diese Pillen in der Hosentasche. Jetzt beiß verdammt noch mal die Zähne zusammen, bis Joe kommt.

Mr Orange läßt seinen Kopf sinken. Kaum hörbar murmelt er vor sich hin:

MR ORANGE Bring mich zu einem Arzt, bitte, bring mich zum Arzt.

Plötzlich fliegt die Tür zum Lagerhaus auf, und Mr Pink kommt rein.

MR PINK Sind wir aufs Kreuz gelegt worden oder was?

Mr Pink sieht Mr Orange blutüberströmt auf dem Boden liegen.

MR PINK Ach, Scheiße! Orange hat's erwischt?

Während der gesamten Szene hören wir Mr Orange stöhnen.

MR WHITE Bauchschuß.

MR PINK Mist! Wo ist denn dieser Brown?

MR WHITE Tot.

MR PINK Oh, Gott! Und wer hat ihn getötet?

MR WHITE Na, was glaubst du wohl? Die Bullen natürlich.

MR PINK So ein Mist! So ein verdammter Mist!
(deutet auf Mr Orange)
Ist es schlimm?

Mr Orange, Mr White, Mr Pink: «Sieht das etwa gut aus?»

MR WHITE Sieht das etwa gut aus?
MR PINK Mann, ist das ein Bockmist! So eine Riesenscheiße! Da hat uns ja jemand verdammt aufs Kreuz gelegt.
MR WHITE Glaubst du wirklich, wir sind reingelegt worden?
MR PINK Zweifelst du etwa daran, Mann? Ich denke nicht nur, daß wir reingelegt worden sind, ich weiß es. Was meinst du denn wohl, wo auf einmal all diese Cops herkamen, hä? Erst mal sind sie nicht da, und auf einmal sind sie doch da. Hast du irgendwelche Sirenen gehört? Die Alarmanlage ist losgegangen, na gut. Aber normalerweise hast du vier Minuten Zeit zum Abhauen, falls in diesem Moment nicht gerade zufällig ein Polizeiauto vorbeifährt. Du hast vier Minuten, bevor die realistischerweise reagieren können. Doch innerhalb von einer Minute waren 17 schwerbewaffnete Bullen da draußen, die genau wußten, was sie zu

tun haben, und die waren auch schon vorher da. Die zweite Welle, die mit den Streifenwagen ankam, die haben auf den Alarm reagiert, aber ich sage dir, diese anderen Scheißkerle waren schon vorher da und haben auf uns gewartet.
(Mr Pink hält einen Moment inne)
Hast du darüber noch gar nicht nachgedacht?
MR WHITE Ich hatte noch keine Zeit zum Nachdenken. Zuerst mal habe ich versucht, da rauszukommen. Und danach mußte ich mich ja wohl um ihn kümmern.
MR PINK Dann solltest du mal damit anfangen, ich kann nämlich an nichts anderes mehr denken, ich wollte nicht mal hierherkommen, ich wollte nur abhauen und weit wegfahren, weil nämlich der Verräter dieses Versteck ganz bestimmt auch kennt. Die Bullen hätten hier schon auf uns warten können. Vielleicht kreuzen sie auch jeden Moment hier auf.
MR WHITE Laß uns nach nebenan gehen!
MR ORANGE Bitte verlaß mich nicht! Ich werde sterben.
MR WHITE Keine Sorge. Ich gehe nur kurz nach nebenan. Es dauert nur eine Minute, okay? Ich behalte dich die ganze Zeit im Auge, ich bin da drin und behalte dich im Auge, okay? Keine Sorge. So ist's gut. Leg dich hin! Ich bin ja bei dir. Ich bin gleich da drüben.
MR ORANGE Larry. Oh, mein Gott! Larry.

Die Kamera fährt langsam an einer Wand entlang bis zu einer Ecke; fährt an der Ecke vorbei, und ein Korridor liegt vor uns.

INNEN. TAG. WASCHRAUM. KORRIDOR.

Am Ende des Korridors ist ein Waschraum. Die Tür zum Waschraum ist halb geschlossen, der Blick nach innen eingeschränkt. Nur Mr White ist sichtbar.

MR PINK *(off)* Was, zum Teufel, mache ich hier eigentlich, Mann? Ich hatte bei diesem Job gleich so ein komisches Gefühl, daß ich «nein, danke» sagen und abhauen soll. Aber ich habe es verdrängt. Es war genau wie damals, als ich erwischt wurde, als ich Gras kaufen wollte. Ich war zwar sehr mißtrauisch gegenüber diesem Kerl, aber ich wollte ihm einfach glauben, verstehst du? Er hatte mir nämlich vorgelogen, daß er diese großartigen Thai-Sticks hätte.* Aber natürlich hatte er keine Thai-Sticks, und seitdem habe ich mir geschworen, daß ich alle Jobs sausenlasse, bei denen ich dieses komische Gefühl kriege. Und jetzt habe ich doch mitgemacht nur wegen der beschissenen Kohle.

MR WHITE Was geschehen ist, ist geschehen. Beruhige dich doch.

MR PINK Na gut, ich beruhige mich.

MR WHITE Spritz dir ein bißchen Wasser ins Gesicht! Tief durchatmen!

Wir hören den Wasserhahn laufen. Mr Pink spritzt sich Wasser ins Gesicht. Er holt seine Waffe heraus und legt sie auf die Konsole.

MR WHITE Entspann dich! Rauch erst mal 'ne Zigarette!

Mr White öffnet die Tür zum Waschraum, geht den Korridor hinunter und aus dem Bild. Wir sehen Mr Pink. Er steht, mit dem Rücken zur Kamera, übers Waschbecken gebeugt. Dann greift er nach einem Handtuch und trocknet sich das Gesicht ab. Mr White kommt ins Bild, hält eine Packung Chesterfield in der Hand.

MR PINK Eigentlich hab ich damit aufgehört.

MR WHITE Na gut.

MR PINK Warte mal, hast du eine?

MR WHITE Moment. Ja. Hier! Feuer?

MR PINK Danke.

Die beiden Männer zünden sich ihre Zigaretten an.

MR WHITE Okay. Laß uns darüber reden, was passiert ist!

---

* (A. d. Ü.: Thailändisches Marihuana, um einen Holzstock gewickelt.)

Mr White, Mr Pink: «Du hast recht. Die Sache ist faul.»

MR PINK Okay.
MR WHITE Wir sind in dem Laden, und alles läuft bestens. Auf einmal geht der Alarm los.
MR PINK Richtig.
MR WHITE Ich dreh mich um, und die Bullen sind da draußen. Genau. Ich zwinkere nur einmal mit den Augen, und schon sind sie da. Und auf einmal ist die Kacke am Dampfen. Und Mr Blonde hat angefangen, auf die Leute zu ...
MR PINK Das ist nicht ganz richtig.
MR WHITE Was stimmt daran nicht?
MR PINK Also, die Bullen sind nicht gleich aufgetaucht, als der Alarm losging. Die Bullen sind erst dann rausgekommen, als Mr Blonde anfing, alle umzubringen.
MR WHITE Gleich als ich den Alarm hörte, kamen auch schon die Bullen.

MR PINK Nein, Mann, das verwechselst du. Die sind erst aus ihren Verstecken gekommen, als Mr Blonde angefangen hat rumzuballern. Ich hab nicht gesagt, daß sie nicht da waren. Ich hab gesagt, sie waren da. Aber die haben sich so lange nicht bemerkbar gemacht, bis Mr Blonde angefangen hat, alle Leute abzuknallen. Und deswegen weiß ich, daß wir verraten wurden. Nun komm schon, Mr White, du weißt doch auch, daß da was schräggelaufen ist.

MR WHITE Also jetzt hör doch auf mit dieser Mr-White-Scheiße!

MR PINK He, he, he, warte mal! Verrat mir bloß nicht deinen beschissenen Namen, ich will ihn gar nicht wissen. Und auf gar keinen Fall verrate ich dir meinen.

MR WHITE Du hast recht. Die Sache ist faul.

(Kurzes Schweigen)

Wie bist du rausgekommen?

MR PINK Hab mir den Weg freigeschossen. Alle haben angefangen zu schießen, also hab ich auch rumgeballert.

SCHNITT AUF:
AUSSEN. TAG. BELEBTE STRASSE IN EINER STADT.

Mr Pink rast einen Bürgersteig entlang. Überall sind Menschen. Er trägt eine Tasche mit Schulterriemen in einer Hand und eine .357-Magnum in der anderen. Jeder, der ihm im Weg steht, wird plattgemacht. Die Kamera fährt mit, direkt neben ihm, in derselben Geschwindigkeit.
Vier Polizisten verfolgen Mr Pink. Drei laufen zusammen, ein dikker bleibt ein paar Schritte hinter ihnen zurück. Kamera fährt mit.
Mr Pink sprintet blindlings auf die Straße und wird von einem fahrenden Auto erfaßt.
Er fliegt auf die Motorhaube, gegen die Windschutzscheibe und rollt herunter.

INNEN. TAG. STEHENDES AUTO.

>Die Kamera ist auf dem Rücksitz. Die Fahrerin des Wagens steht unter Schock. Mr Pink steht auf, schüttelt sich und richtet die Magnum auf die Fahrerin.

MR PINK Raus aus dem Auto! Steig sofort aus der Scheißkarre aus!
>Die Fahrerin fängt an zu schreien.
>Mr Pink versucht, die Fahrertür aufzureißen, aber sie ist verriegelt.

EXTREME GROSSAUFNAHME – SEITENFENSTER AUF DER FAHRERSEITE, VON INNEN.

>Mr Pink zerschlägt sie, uns direkt ins Gesicht.

AUSSEN. TAG. STRASSE.

>Kamera fährt mit herbeieilenden Polizisten.
>Mr Pink schleift die Fahrerin aus dem Wagen.
>Die Polizisten erreichen die Straßenecke, mit gezückten Revolvern.
>Mr Pink benutzt das Auto als Schutzschild und gibt drei Schüsse auf die Polizisten ab.
>Alle Anwesenden schmeißen sich auf den Boden oder laufen auseinander.
>Die Polizisten schießen. Mr Pink entlädt seinen Revolver.
>Der dicke Polizist kriegt einen Bauchschuß ab und fällt rückwärts in die Arme eines jungen Kollegen. Der dicke Polizist schreit vor Schmerz, der junge vor Entsetzen.
>Mr Pink springt in den Wagen. Die Polizisten schießen.

Mr Pink: «Ich hab ein paar Bullen erwischt.»

«Keine richtigen Menschen?» «Nee, nur Bullen.»

INNEN. TAG. FAHRENDES AUTO.

Kamera auf dem Rücksitz, Mr Pink steigt in die Eisen. Während er die Straße runterbrettert, schießen die Polizisten hinter ihm her.

AUSSEN. TAG. STRASSE.

Der junge Polizist rennt hinter dem Fluchtauto her und feuert. Vergeblich. Mr Pink läßt ihn in einer Staubwolke zurück.

SCHNITT AUF:
INNEN. TAG. WASCHRAUM.

Mr Pink und Mr White unterhalten sich immer noch im Waschraum.

MR PINK   Ich hab ein paar Bullen erwischt. Hast du jemanden getötet?
MR WHITE   Ein paar Bullen.
MR PINK   Keine richtigen Menschen?
MR WHITE   Nur Bullen.
MR PINK   Oh, Mann! Begreifst du das mit Mr Blonde?
MR WHITE   Das war das Schwachsinnigste, was ich je gesehen habe. Warum, zum Teufel, hat Joe bloß einen solchen Irren angeheuert?
MR PINK   Ich will niemanden umbringen. Aber wenn sich mir jemand in den Weg stellt, dann räume ich ihn eben beiseite.
MR WHITE   So in etwa sehe ich das auch. Bevor ich zehn Jahre in den Knast gehe, lege ich das Arschloch eben um. Da denk ich gar nicht lange nach. Aber ich bin trotzdem kein Irrer! Was, zum Teufel, hat sich Joe dabei gedacht? Mit so 'nem Kerl kann man doch nicht arbeiten. Wir haben noch Glück gehabt, daß er uns nicht erwischt hat, als er anfing rumzuballern. Ich war so kurz davor, *(hält Daumen und Zeigefinger*

mit einem winzigen Abstand zwischen ihnen hoch) ihm höchstpersönlich den Arsch wegzuschießen.

MR PINK Jeder kann mal in Panik geraten, einfach jeder. Wenn etwas schiefläuft, gerät man eben in Panik, ganz egal wer man ist oder wo man herkommt. Die Panik darf aber nur in deinem Kopf stattfinden, und nur da, verstehst du? Aber innerhalb der nächsten paar Sekunden bekommst du die Situation langsam wieder in den Griff. Du setzt dich damit auseinander, doch du kommst doch nicht auf die Idee, die Leute umzubringen.

MR WHITE Nein. Du versuchst natürlich immer, dich wie ein Profi zu verhalten. Psychopathen sind keine Profis. Ich kann nicht mit Psychopathen arbeiten. Du weißt doch nie, was diese kranken Arschlöcher als nächstes tun. Sag mal, was schätzt du, wie alt dieses schwarze Mädchen gewesen ist? 20? Vielleicht 21?

MR PINK Na höchstens. Sag mal, hast du gesehen, was mit den anderen passiert ist?

MR WHITE Orange und ich sind mit dem Wagen abgehauen, Brown hat's dabei erwischt. Ich weiß nicht mehr, was danach noch ablief.

MR PINK Tja, danach war jeder sich selbst der nächste. Ich habe nicht die leiseste Ahnung, was mit Mr Blonde und Mr Blue passiert ist, denn seit ich da raus war, hab ich mich nicht mehr umgedreht.

MR WHITE Na und? Was denkst du?

MR PINK Was soll schon sein? Entweder haben die Bullen sie geschnappt oder umgelegt.

MR WHITE Du hast doch schließlich auch ein Schlupfloch gefunden.

MR PINK Ja. Und das war wirklich ein Wunder. Aber wo, zum Teufel, sind sie, wenn sie wirklich entkommen sind?

MR WHITE Wär es nicht möglich, daß einer von ihnen mit den Diamanten abgehauen ist?

MR PINK   Nein, auf keinen Fall.
MR WHITE   Ach, und wieso bist du da so sicher?
MR PINK   Ich habe die Diamanten.
MR WHITE   Gut gemacht! Wo sind sie?
MR PINK   Gut versteckt. Sag mal, willst du nicht mitkommen? Laß sie uns holen gehen, und zwar sofort! Denn wenn wir auch nur eine Sekunde länger hierbleiben würden, müßten wir ja beide vollkommen verrückt sein.
MR WHITE   Das ist aber der Plan. Wir treffen uns hier.
MR PINK   Na, wen, zum Teufel, erwartest du noch? Ich sage, der Plan ist wertlos, seitdem wir wissen, daß wir verraten wurden. Und wir haben nicht die leiseste Ahnung, was mit Mr Blonde und Mr Blue passiert ist. Die beiden sind vielleicht tot oder wurden verhaftet. Und die Bullen nehmen sie vielleicht gerade in diesem Moment kräftig in die Mangel. Sie kennen zwar unsere Namen nicht, aber sie kennen diesen Treffpunkt.
MR WHITE   Ich hab das verdammte Gefühl, ich hab die Seuche.
MR PINK   Was?
MR WHITE   Das vorletzte Mal haben wir zu viert gearbeitet. Und wir haben herausgefunden, daß einer von uns ein verdeckter Ermittler ist.
MR PINK   Ach, du Scheiße!
MR WHITE   Glücklicherweise haben wir das rechtzeitig entdeckt. Ich hab die ganze Sache sausenlassen und bin abgehauen.
MR PINK   Und wer ist diesmal der Verräter? Mr Blue? Mr Brown? Joe? Weißt du, Joe hat die Sache ausbaldowert. Vielleicht wollte er, daß wir dabei auf die Schnauze fallen.
MR WHITE   Nein, nie im Leben. Ich kenne Joe eine halbe Ewigkeit, und ich kann dir versichern, daß er dieses Chaos bestimmt nicht geplant hat.
MR PINK   Na und? Ich kenne Joe schon seit meiner Kindheit.

Und als ich sagte, er hätte was damit zu tun, sollte das ein Witz sein. Für mich kann jedoch, nach meiner Auffassung, nur ich der einzige Unverdächtige sein. Und für alle anderen Beteiligten würde ich lieber nicht die Hand ins Feuer legen. Du könntest doch auch der Verräter sein.

MR WHITE   Und ich glaube, du bist der Verräter.

MR PINK   Na gut, wenigstens benutzt du jetzt deinen Verstand. Aber vielleicht ist ja auch er der Verräter.

MR WHITE   He! Dieser Junge da draußen stirbt wahrscheinlich, weil er einen beschissenen Bauchschuß abgekriegt hat. Also sag nie wieder, er sei ein Verräter!

MR PINK   Hör zu, ich habe recht. Nicht wahr? Jemand muß der Verräter sein.

Die Unterhaltung bricht ab. Die beiden Männer starren sich an.
Mr Pink bricht das Schweigen.

Sag mal, wo ist denn in diesem Laden das Klo? Ich muß mal pinkeln.

MR WHITE   Geh den Gang runter, dann links die Treppe rauf und dann nach rechts.

Mr Pink geht aus dem Bild und läßt Mr White allein zurück.

SCHNITT AUF:
LEERES BILD

Im Hintergrund ein Raum, der wie ein Büro aussieht.

STIMME   Ach, übrigens, wie geht's Alabama?

MR WHITE   Alabama? Hm. Ich hab sie schon ewig ... so anderthalb Jahre nicht mehr gesehen.

STIMME   Ich dachte, ihr beide wäret ein Team?

MR WHITE   Das waren wir auch eine Weile. Wir haben vier Dinger zusammen gedreht. Doch dann haben wir uns getrennt.

STIMME   Wieso?

MR WHITE Wenn man diese Beziehungskiste zu lange durchzieht, geht sie einem irgendwann auf die Nerven.
Jetzt Schnitt auf Joe hinter seinem Schreibtisch.
JOE Und was tut sie jetzt?
MR WHITE Sie arbeitet jetzt mit Frank McGarr. Sie haben zusammen ein paar Dinger gedreht. Sie ist ein tolles Weib und eine gute Diebin.
*[Hab gehört, du hast dich mit 'nem Klasseweib verbandelt.
JOE *(lacht)* Tammy ist schon ein Anblick, das ist wahr.
MR WHITE Hab gehört, sie kommt aus Arkansas.
JOE Tennessee. Knoxville, Tennessee. Sie war ein Dauerbrenner in Hee-Haw. Weißt du, diese Show mit all den blöden Hinterwäldlern.
MR WHITE Ich weiß, was Hee-Haw ist.
(White überlegt)
Und warum hast du sie geheiratet?
JOE Ich liebe sie. Ziemlich albern für so 'n alten Knochen wie mich, was?
MR WHITE Bißchen albern schon. Und irgendwie clever.
JOE Weißt du, was wirklich albern ist? Sie liebt mich auch. Ich weiß, du glaubst mir nicht, aber das kratzt mich nicht, denn ich weiß, daß es stimmt. Weißt du, wozu sie mich gebracht hat, Larry: zum Lesen. Wenn sie was gelesen hat, kommt sie zu mir und sagt, ‹Joe› – mit diesem drolligen Südstaatenakzent – ‹Joe, ich hab da gerade ein Buch gelesen, das ist wirklich toll. Ich will, daß du es auch liest, damit ich mich mit dir darüber unterhalten kann.› Und wenn ich keinen Ärger will, muß ich's lesen. Ich bin ein richtiger Bücherwurm geworden. Hab immer ein Taschenbuch bei mir.
Joe macht den Schreibtisch auf und läßt eine abgegriffene Ausgabe

---

* Aus dem Film herausgeschnitten

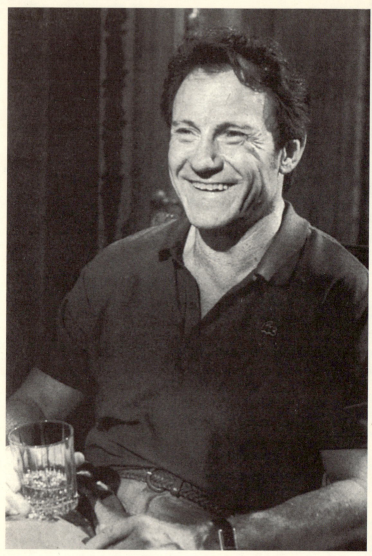

Mr White (Harvey Keitel): «Was springt denn dabei raus?»

Joe (Lawrence Tierney): «Das Ganze ist kein Kinderspiel.»

von der Glasglocke *auf die Schreibtischplatte fallen. Mr White wirft einen Blick drauf.*

Hast du's mal gelesen?

Mr White schüttelt den Kopf.

Tammy liebt diese Sylvia Plath. Ich bin mir da nicht so sicher. Sie hat sich umgebracht, weißt du.

MR WHITE   Tammy?

JOE   Nein, du Spinner, Plath. Die Frau, die dieses verdammte Buch geschrieben hat. Also, ich weiß, daß mich alle für einen gehörnten Idioten halten, aber sie irren sich, ich nicht. Ich weiß, was sie für mich empfindet und wie ich mich fühle, wenn wir zusammen sind. Sie macht mich glücklich.

MR WHITE   Plath?

Joe fixiert White mit einem strengen Blick. Mr White lacht.

MR WHITE   Warum sollte ich das nicht glauben? Du bist doch ein liebenswerter Kerl. Ich würde sogar so weit gehen, Joe, dich als einen guten Fang zu bezeichnen.

JOE   *(lacht)* Wenn du mich weiter so verarschst, lernst du mich mal richtig kennen.

Mr White geht hinüber auf die eine Schreibtischseite.

MR WHITE   Ich kenne dich schon. Ich bin gewarnt.]

INSERT: MR WHITE.

MR WHITE   Also, erklär's mal in Kurzform!

JOE   Das ist ein Fünf-Mann-Job. Ein schneller Raubüberfall bei einem Diamantengroßhändler.

MR WHITE   Und an wen wirst du die Steine los? Ich kenne niemanden, der so was anfaßt.

JOE   Kein Problem. Unsere Kunden warten schon darauf. Sag mal, was ist denn mit Marcellus Spivey, war der nicht früher Hehler für Steine?

MR WHITE   Der sitzt die nächsten 20 Jahre in Susanville.

JOE   20 Jahre, das ist ja furchtbar! Weswegen denn?

MR WHITE   Er hat Pech gehabt.
JOE   *(lacht)* Ich schätze, das kannst du laut sagen.
MR WHITE   Wie soll das Ganze ablaufen?
JOE   Innerhalb von höchstens zwei Minuten, aber es ist kein Spaziergang. Es ist tagsüber, während der Geschäftszeit. Und es sind viele Leute da. Aber ihr werdet schon damit fertig werden.
MR WHITE   Wieviel Personal?
JOE   Ungefähr zwanzig Leute, aber die Sicherheitsvorkehrungen sind ziemlich lasch. Die haben sonst nur Rohdiamanten. Diese ungeschnittenen Steine vom Diamantensyndikat. Aber an diesem speziellen Tag kriegen die einen Haufen bearbeitete Diamanten aus Israel. Das ist eine Zwischenstation, verstehst du? Die Steine werden am nächsten Tag abgeholt und nach Vermont gebracht.
MR WHITE   Das werden sie nicht.
Die beiden Männer lachen.
Was springt denn dabei raus?
JOE   Na reichlich, mein Junge, du wirst zufrieden sein.

AUSBLENDE.
ZURÜCK IM LAGERHAUS.

Wir folgen Mr Pink mit der Handkamera durch die Räume und Korridore zur Lagerhalle. Wir folgen ihm bis zu Mr White, der neben Mr Orange steht.

MR PINK   Also von mir aus kannst du ja machen, was du willst. Ich verschwinde jedenfalls und werde für ein paar Tage in einem Motel absteigen. Ich hau mich erst mal hin und rufe Joe an.
Als er näher kommt, sieht er, daß Mr Orange ohnmächtig ist. Er rennt zu ihnen.
Scheiße, ist er schon abgekratzt?

Mr White antwortet nicht.
Hä? Ist er tot oder was?
MR WHITE   Er ist nicht tot.
MR PINK   Was ist mit ihm?
MR WHITE   Er ist ohnmächtig geworden.
MR PINK   Der hat mir vielleicht 'ne Scheißangst eingejagt, ich dachte, er wäre tot.
Mr White steht auf und geht zum Tisch hinüber.
MR WHITE   Ohne ärztliche Hilfe stirbt er mit Sicherheit.
MR PINK   Und was sollen wir tun? Wir können ihn doch nicht ins Krankenhaus bringen.
MR WHITE   Ohne ärztliche Hilfe überlebt er diese Nacht nicht. Und irgendwie war sein Bauchschuß mein Fehler. Das interessiert dich vielleicht einen Scheißdreck, aber ich fühle mich verantwortlich.
MR PINK   Also zunächst mal schlage ich vor, daß wir keine Minute länger hierbleiben.
MR WHITE   Und du meinst also, wir sollten in ein Hotel gehen? Wir haben einen Kerl mit einem Bauchschuß dabei. Der kann nicht laufen und blutet wie ein abgestochenes Schwein. Und wenn er aufwacht, schreit er vor Schmerzen.
MR PINK   Wenn du 'ne Idee hast, spuck sie aus!
MR WHITE   Joe könnte helfen. Wenn wir Joe verständigen könnten, könnte der einen Arzt für ihn besorgen, vielleicht sogar einen Arzt, der sofort herkommt.
Während Mr Pink spricht, zoomen wir langsam rein zu einer Großaufnahme von Mr White.
MR PINK   *(off)* Also selbst wenn wir Joe vertrauen, wie sollen wir uns mit ihm in Verbindung setzen? Er sollte eigentlich hier sein, aber das ist er nicht, und deshalb bin ich nervös, weil ich immer noch hier bin. Nehmen wir doch mal an, daß Joe sauber ist, dann wird er mit uns nicht besonders zufrieden sein. Er hatte einen Raubüberfall geplant, und jetzt hat er ein Blutbad am Hals mit toten Bullen, toten Gangstern

und toten Zivilisten. Ich kann mir nicht vorstellen, daß er für uns und unsere Lage sehr viel Mitleid aufbringen wird. Ich an seiner Stelle würde versuchen, so viel Abstand wie nur irgend möglich zu uns herzustellen.

MR WHITE Bevor du gekommen bist, hat mich Mr Orange gefragt, ob ich ihn ins Krankenhaus bringen könnte oder zu einem Arzt. Natürlich heißt das, daß wir ihn den Bullen ausliefern. Aber wenn wir's nicht tun, stirbt er. Er flehte mich an, es zu tun.

MR PINK (off) Tja, dann schaffen wir ihn eben ins Krankenhaus, wenn er darum gebeten hat, tun wir es eben. Er weiß nichts über uns, und es ist seine Entscheidung.

MR WHITES POV (POINT-OF-VIEW):
GROSSAUFNAHME – MR PINK.

MR WHITE (off) Aber er weiß was über mich.
MR PINK Was? Warte mal! Du hast ihm gesagt, wie du heißt?
MR WHITE (off) Er kennt meinen Vornamen, und er weiß, wo ich herkomme.

Es folgt ein langes Schweigen und ein verständnisloser Blick von Mr Pink, dann schreit er:

MR PINK Wieso?
MR WHITE (off) Woher ich komme, hab ich ihm vor ein paar Tagen während einer ganz normalen Unterhaltung erzählt.
MR PINK Und warum, zum Teufel, hast du ihm deinen Namen verraten?
MR WHITE (off) Er wollte ihn wissen.

Mr Pink schaut Mr White an, als sei er gestört.

MR WHITE Wir waren gerade erst den Bullen entkommen. Er war angeschossen worden. Es war mein Fehler, daß er angeschossen wurde. Er war in einem verdammt beschissenen Zustand. Er hat wie verrückt geschrien. Ich schwöre dir, ich hab gedacht, er würde gleich an Ort und Stelle sterben. Ich

Mr Pink (Steve Buscemi):
«Du hast ihm gesagt,
wie du heißt?»

Mr White: «Komm mir bloß nicht so überheblich!»

hab versucht, ihn zu trösten. Ich hab ihm versprochen, daß ich mich drum kümmere, daß er wieder gesund wird. Und dann hat er mich gefragt, wie ich heiße. Er konnte jeden Moment sterben. Was, zum Teufel, hätte ich deiner Meinung nach tun sollen? Ihm sagen: «Tut mir leid, ... aber diese Information kann ich dir leider nicht geben. Das ist gegen die Regeln. Ich vertraue dir nicht genug.» Vielleicht hätte ich ihm das sagen sollen, aber das konnte ich nicht.

MR PINK Ja, das war sicher einer ergreifende Szene zwischen euch beiden.

MR WHITE *(off)* Jetzt komm mir bloß nicht so überheblich!

MR PINK Ich will dir nur eine Frage stellen: Steht in deiner Polizeiakte, wo du herkommst?

MR WHITE *(off)* Ja.

MR PINK Na, dann ist doch schon alles klar, Mann! Ich meine, denk doch mal nach und laß einfach die Fakten für sich sprechen. Er weiß erstens, wie du heißt, zweitens, wie du aussiehst, und drittens, wo du herkommst und was dein Spezialgebiet ist. Die werden ihm nicht viele Fotos vorlegen müssen, um auf dich zu stoßen. Ich fürchte, du hast alles Erdenkliche getan, um denen die Auswahl zu erleichtern.

MR WHITE *(off)* Ich fürchte, du hast nicht bemerkt, daß wir uns in dieser Frage dauernd im Kreis drehen.

Mr Pink verläßt die Großaufnahme und kehrt Mr White den Rücken zu. Mr Whites POV schwenkt zu ihm hinüber.

MR PINK Wir werden ihn nicht ins Krankenhaus bringen.

MR WHITE *(off)* Dann wird er sterben.

MR PINK Das bedaure ich sehr, aber manche Leute haben Glück und andere eben nicht.

MR WHITE *(off)* Okay, das war's.

Mr Whites POV fährt schnell auf Mr Pink zu.
Mr Pink dreht sich zu ihm um; in dem Moment empfängt er eine heftige Maulschelle.

ENDE MR WHITES POV.

Mr White und Mr Pink prügeln sich, ungraziös und echt. Sie kämpfen wie zwei streunende Katzen.
Während Mr White ausholt und boxt, brüllt er:

MR WHITE Du kleines Stinktier!
Mr Pink schreit, während er zuschlägt.
MR PINK Du willst dich mit mir anlegen? Ich werde dir zeigen, mit wem du es zu tun hast!
Die beiden Männer liegen schließlich am Boden, treten und zerkratzen sich. Mr White nimmt Mr Pink in den Schwitzkasten.
Mr Pink greift in sein Jackett und zieht seinen Revolver heraus. Als Mr White das sieht, läßt er Mr Pink sofort los und zieht ebenfalls seinen Revolver.
Die beiden Männer knien auf dem Boden und haben die Waffen aufeinander gerichtet.
MR WHITE Du willst mich umbringen, du mieses Stück Scheiße? Na los doch, schieß doch!
MR PINK Vergiß es, White! Es ist doch nicht meine Schuld, daß wir in dieser Scheiße stecken. Du benimmst dich doch wie ein Anfänger. Ich verhalte mich wie ein Profi. Wenn sie ihn kriegen, dann kriegen sie auch dich. Wenn sie dich kriegen, sind sie auch mir auf den Fersen, und das darf ich nicht zulassen. Warum tust du so, als wäre das meine Schuld? Ich habe ihm weder meinen Namen verraten, noch, wo ich herkomme. Vor einer knappen Viertelstunde wolltest du mir deinen Namen verraten. Du bist doch schuld an der Scheiße, in der dein Kumpel steckt. Du bist doch derjenige, der uns das alles eingebrockt hat.
Mr Pink läßt seinen Revolver sinken.
Dann hören wir eine Stimme aus dem Off:
STIMME Ihr solltet nicht so harte Spielchen spielen, sonst fängt noch jemand an zu weinen.

Mr Pink, Mr White: «Schieß doch, du mieses Stück Scheiße!»

MR PINK Mr Blonde, ...

INNEN. TAG. LAGERHAUS. HALBNAHE VON MR BLONDE.

Die Stimme gehört dem berüchtigten Mr Blonde.
Mr Blonde steht gegen einen Pfeiler gelehnt und trinkt eine Cola aus dem Pappbecher.
MR PINK Was ist denn mit dir passiert? Wir dachten, du wärst tot.
Mr Blonde antwortet nicht.
Er starrt Mr Pink und Mr White an und schlürft seine Cola.
Das macht Pink und White entsetzlich nervös. Mr Pink versucht es trotzdem weiter.
He, hast du was abgekriegt?
Mr Blonde schweigt.

Mr Blonde (Michael Madsen): «Hast du irgendein Problem?»

Was ist denn mit Blue passiert?
Schweigen.
Wir haben uns schon die ganze Zeit gefragt, was mit dir und Mr Blue passiert ist. Erzähl schon!
Schweigen.
Also Brown ist tot, und Orange hat einen Bauchschuß. Und ich habe gesagt ...

MR WHITE Das ist genug! Jetzt reicht's. Du fängst jetzt sofort an zu reden, du Arschloch! Wir haben genug Scheiße am Hals, die wir klären müssen. Wir sind kurz vorm Durchdrehen. Und daß du hier den harten Mann spielst, ist so überflüssig wie ein Kropf.

Mr Blonde schaut seine beiden Komplizen an, dann kommt er auf sie zu.

MR BLONDE Na gut, laß uns reden.

MR WHITE Wir glauben, daß wir verraten wurden.

MR PINK Ich garantiere euch, der Verräter ist unter uns.

MR BLONDE Wie kommt ihr denn darauf?

MR WHITE Soll das etwa ein Witz sein?

MR PINK Hör zu! Wir fürchten, daß dieses Versteck nicht mehr sicher ist.

MR WHITE Der Verräter kennt diesen Laden auch. Also komm lieber mit uns!

MR BLONDE Niemand wird irgendwo hingehen.

Stille legt sich über den Raum. Mr Blonde bleibt stehen. Nach einigen Sekunden wird das Schweigen gebrochen.

MR WHITE Ich scheiß doch auf diesen Dreckskerl! Wir verschwinden hier.

Mr White setzt sich in Bewegung.

MR BLONDE Keinen Schritt weiter, Mr White!

Mr White verliert die Geduld, hebt seinen Revolver und stürmt auf Mr Blonde zu.

MR WHITE Laß mich in Ruhe, du Irrer! Du bist doch verantwortlich für diese Scheiße!

Mr Blonde setzt sich unbeirrt hin. Er sieht Mr Pink an.

MR BLONDE Hast du irgendein Problem?

MR WHITE Ob ich ein Problem habe? Ja, und zwar ein ganz großes Problem, sogar ein verdammt großes Problem. Mit diesem schießwütigen Wahnsinnigen, der mich beinahe abgeknallt hat.

MR BLONDE Wovon, zum Teufel, redest du überhaupt?

MR WHITE Von deiner idiotischen Schießerei in dem Laden, schon vergessen?

MR BLONDE Ach was! Scheiß drauf! Die haben Alarm gegeben. Die haben nichts anderes verdient.

MR WHITE Du hast mich fast umgebracht, du Arschloch! Wenn ich gewußt hätte, was für ein Arschloch du bist, hätte ich nie mit dir zusammengearbeitet.

MR BLONDE Willst du noch weiterbellen, kleines Hündchen, oder willst du beißen?

MR WHITE Was war das? Ich hab dich nicht ganz verstanden. Würdest du das wiederholen?

MR BLONDE *(langsam und ruhig)* Willst du weiterbellen, kleines Hündchen? Oder willst du beißen?

MR PINK Also jetzt hört doch mal auf, ihr Arschlöcher! Regt euch wieder ab!

MR WHITE *(zu Mr Blonde)* Du willst also gebissen werden, hm?

MR PINK Verdammt! He, kommt schon! Hört auf! Sind wir hier etwa auf einem Spielplatz, oder was? Bin ich hier etwa der einzige Profi? Ihr Scheißkerle verhaltet euch wie ein Haufen bescheuerter Nigger. Wollt ihr etwa wie Nigger sein? Die wollen sich nämlich auch immer gegenseitig umbringen.

MR WHITE *(zu Mr Pink)* Du hast doch selbst gesagt, du würdest ihn am liebsten umbringen.

MR BLONDE Was hast du gesagt?

MR PINK Ja, das sagte ich, okay? Das sagte ich, aber das war vorhin. Denn im Augenblick ist er der einzige, dem ich vollkommen vertraue. Die Bullen arbeiten doch nicht mit einem Massenmörder zusammen.

MR WHITE Schlägst du dich etwa auf seine Seite?

MR PINK Nein, ich scheiß auf die Seiten, Mann, wir brauchen hier nur ein klein wenig Solidarität. Jemand hat uns diese Scheiße eingebrockt, und ich will wissen, wer dafür verantwortlich ist. Hört zu, also ich weiß, ich habe mit dem Scheiß nichts zu tun. *(zu Mr White)* Und du bist wahrscheinlich auch in Ordnung. *(zu Mr Blonde)* Und du bist ganz bestimmt nicht der Verräter. Also laßt uns herausfinden, wer der Verräter ist, in Ordnung?!

Mr White beruhigt sich und steckt die Waffe weg.

MR BLONDE Das war ja richtig aufregend.

(zu Mr White) Ich habe das Gefühl, du bist ein Lee-Marvin-Fan, oder? Ja, der gefällt mir auch. Ich liebe diesen Kerl. Mein Herz schlägt dermaßen schnell, daß ich kurz vor 'nem Herzinfarkt stehe.

Kurzes Schweigen.

Ich habe draußen im Wagen etwas, das ich euch gerne zeigen würde, also folgt mir.

Mr Blonde hüpft vom Stuhl und geht in Richtung Tür.

Die beiden anderen Männer folgen ihm bloß mit den Augen.

MR WHITE Wir sollen dir folgen? Wohin?

MR BLONDE Zu meinem Auto.

MR WHITE Hast du etwa die Pommes vergessen, die zu der Cola gehören?

MR BLONDE Nein. Die habe ich schon gegessen.

MR WHITE Na und?

MR BLONDE Da draußen ist etwas, das ihr bestimmt gerne sehen werdet.

MR WHITE Was denn?

MR BLONDE Eine hübsche Überraschung. Sie gefällt euch ganz sicher. Kommt schon!

Mr Blonde geht zur Tür raus.

AUSSEN. TAG. LAGERHAUS.

Drei Autos stehen vor dem Lagerhaus. Mr Blonde geht zu dem Wagen, in dem er gekommen ist. Mr White und Mr Pink gehen hinter ihm. Eine Handkamera folgt ihnen.

MR PINK Aber wir müssen trotzdem von hier verschwinden.
MR BLONDE Nein. Wir werden hierbleiben und warten.
MR WHITE Worauf? Auf die Bullen?
MR BLONDE Nein, auf den netten Eddie.
MR PINK Auf den netten Eddie? Glaubst du nicht, der ist schon längst auf dem halben Weg nach Costa Rica?
MR BLONDE Ich hab mit ihm telefoniert, und er hat gesagt, daß er gleich hier ist.
MR WHITE Du hast mit dem netten Eddie geredet? Warum, zum Teufel, hast du das nicht vorhin gesagt?
MR BLONDE Weil du mich nicht gefragt hast.
MR WHITE Das soll wohl ein Witz sein? Was hat er gesagt?
MR BLONDE Er sagte, wir sollen hierbleiben. Und in der Zwischenzeit werde ich euch Jungs was zeigen.
Mr Blonde öffnet den Kofferraum seines Wagens. Darin liegt ein zusammengekrümmter uniformierter Polizist in Handschellen.
MR PINK Na, das ist ja irre!
MR BLONDE Vielleicht weiß dieser hübsche Junge etwas über den Verräter, von dem ihr mir erzählt habt.
Bedrohliches Lachen. Langsam zoomen wir in eine Großaufnahme des Polizisten.

INSERT:
MR BLONDE.

INNEN. TAG. JOE CABOTS BÜRO.

Wir befinden uns in Joe Cabots Büro. Joe sitzt hinter seinem Schreibtisch und telefoniert.

JOE *(ins Telefon)* Also, Sid, beruhige dich doch! Wir kennen uns doch schon ewig, ich mache mir keine Sorgen, daß du mich nicht bezahlst. Nun mach mich nicht verlegen, ich weiß doch bereits alles. Du hast eben ein paar schlechte Monate erwischt. Du tust das, was alle tun, und über kurz oder lang wird es schon wieder besser werden. Das überstehst du schon.
Es klopft an Cabots Tür.
Herein!
Einer von Cabots Gorillas, Teddy, öffnet die Tür und kommt herein. Cabot legt die Hand auf den Hörer und sieht den Mann an.

TEDDY Vic Vega wartet draußen.
JOE Eine Sekunde! Wer?
TEDDY Vic Vega.
JOE Gut, sag ihm, er soll reinkommen!
Teddy geht raus.
JOE *(ins Telefon)* Ich muß jetzt auflegen. Ein Freund von mir ist draußen. Kopf hoch! Ich ruf dich bald wieder an. Mach dir keine Sorgen!
Er legt den Hörer auf die Gabel, steht auf und geht um den Schreibtisch herum.
Teddy macht die Tür auf, und Zahnstocher Vic Vega spaziert herein.
Zahnstocher Vic Vega ist kein anderer als unser hochgeschätzter Mr Blonde. Vic trägt eine lange schwarze Lederjacke im Siebziger-Jahre-Stil.

Joe steht mit ausgebreiteten Armen vor seinem Schreibtisch. Die beiden Männer umarmen sich. Teddy zieht sich zurück und schließt die Tür hinter sich.

JOE He, willkommen zu Hause, Vic!

VIC Hallo, Joe!

JOE Na, wie fühlt man sich in Freiheit?

VIC Hat sich einiges verändert.

JOE Ist das nicht die traurige Wahrheit? Setz dich! Zieh die Jacke aus! Fühl dich ganz wie zu Hause! Einen kleinen Drink?

VIC Ja.

JOE Wie wär's mit einem kleinen, äh, Remy Martin?

VIC Sehr gern.

Joe geht zu seiner Hausbar hinüber. Vic sitzt in einem Sessel vor Joes Schreibtisch.

JOE *(während er den Drink eingießt)* Wer ist dein Bewährungshelfer?

VIC Seymour Scagnetti.

JOE Und wie ist der so?

VIC Er ist ein verfluchtes Arschloch. Wenn's nach ihm ginge, wäre ich überhaupt nie rausgekommen.

Joe hat das Glas gefüllt, geht zu Vic hinüber und reicht es ihm.

JOE Weißt du, es überrascht mich immer wieder, daß so ein beschissener Nigger, der 'ner alten Oma wegen 25 Cent die Kehle aufgeschlitzt hat, Doris Day als Bewährungshelferin kriegt. Aber so ein anständiger Bursche wie du, der muß bei so einem scharfen Hund landen!

Joe umrundet den Schreibtisch und setzt sich in seinen Sessel. Vic nimmt einen Schluck vom Remy Martin.

VIC Ich habe mich sehr über die Pakete gefreut, die du mir in den Knast geschickt hast.

JOE Na, was hätte ich denn sonst machen sollen? Dich vergessen?

VIC Ich wollte damit nur sagen, daß mir das viel bedeutet hat.

JOE   Also das war doch das mindeste. Ich wünschte nur, ich könnte noch viel mehr tun.
Ein breites Grinsen erscheint auf Joes Gesicht.
VIC   Das kannst du vielleicht.
JOE   Also, Vic, nun spuck es schon aus, Mann! Erzähl mir deine Geschichte, Kleiner! Was hast du für Pläne?
Es klopft an der Tür.
Herein!
Die Tür geht auf, und Joes Sohn, der nette Eddie, kommt herein.
Vic dreht den Kopf und sieht ihn.
EDDIE   *(zu Vic)* Tag, du Penner! Ich sehe dich zwar da sitzen, aber ich kann es kaum glauben.
Vic steht auf und umarmt Eddie.
Wie geht es dir, mein Freund?
VIC   Hallo, Eddie!
EDDIE   Hör mal, tut mir leid, ich hätte dich selbst abholen sollen. Weißt du, ich hab das einfach nicht auf die Reihe gekriegt, ich weiß schon seit einer Woche nicht mehr, wo mir der Kopf steht.
VIC   Weißt du, es ist schon komisch, daß du das sagst, darüber habe ich nämlich gerade mit deinem Vater geredet.
EDDIE   Daß ich dich hätte abholen sollen?
VIC   Nein, daß du immer so kopflos bist. Ich komme zur Tür rein, und er sagt gleich: «Vic, Vic, ich bin ja so froh, daß endlich jemand hier ist, der weiß, was läuft. Mein Sohn Eddie ist ein Versager. Er ruiniert das Geschäft. Weißt du, ich liebe den Jungen zwar, aber bei ihm geht alles den Bach runter.» *(zu Joe)* Stimmt's, Joe, das hast du doch gesagt? Komm, sag's ihm selbst!
JOE   Tja, Eddie, ich sage es ja nur sehr ungern, aber weißt du, Vic kommt rein und fragt mich, wie die Geschäfte gehen. Und einen Kerl, der gerade aus dem Knast kommt, belügt man nicht.
Eddie nickt ein paarmal mit dem Kopf.

Eddie (Chris Penn), Mr Blonde/Vic: «Der Kerl versucht mich zu ficken.»

EDDIE Das ist auch wieder wahr.
Eddie wirft sich auf Vic, und beide fallen zu Boden.
Die beiden Freunde ringen miteinander auf Joes Bürofußboden, lachen und beschimpfen einander.
Joe steht daneben und ruft:
JOE Ist gut, Leute! Genug von dem Scheiß! Hört auf damit! Kommt schon, Leute, das ist kein Spielplatz! Wenn ihr beide euch auf dem Fußboden rumrollen wollt, dann macht das in Eddies Büro, nicht in meinem!
Die beiden Männer beenden ihr Gerangel. Sie sehen völlig zerrupft aus, die Haare zerwühlt, die Hemden hängen aus der Hose. Während sie sich wieder zurechtmachen, ziehen sie sich weiter gegenseitig auf.
EDDIE Daddy, hast du das gesehen?
JOE Was denn?

EDDIE Der Kerl hat mich zu Boden geworfen und versucht, mich zu ficken.

VIC Davon träumst du wohl!

EDDIE Du kranker Bastard hast versucht, mich im Büro meines Vaters zu ficken. Hör zu, Vic, was immer du in deiner Privatsphäre zu tun gedenkst, das kannst du tun. Aber versuch nicht, mich zu ficken! Weißt du, ich steh nun mal nicht auf dich. Ich kann dich gut leiden, Kumpel, aber so gut nun auch wieder nicht.

VIC Weißt du, wenn ich wirklich ein Arschficker wäre, wärst du der letzte, mit dem ich das machen würde.

EDDIE Klar würdest du. Du hebst dir doch immer das Beste für den Schluß auf. Weißt du, wenn du vier Jahre Knackis in den Arsch gefickt hast, weißt du ein Stück Fleisch vom Feinsten schon zu schätzen.

VIC Ich würde dich vielleicht zureiten, Kleiner, aber du wärst für Besuch reserviert.

EDDIE Ist das nicht entsetzlich traurig, Daddy? Der Mann kam als Weißer ins Gefängnis, und jetzt ist er wieder raus und redet wie 'n Nigger. Weißt du was? Ich schätze, das liegt an dem schwarzen Samen, den sie dir so hoch in den Arsch gepumpt haben, daß er dir jetzt wieder zum Maul rausläuft.

VIC Eddie, wenn du weiter wie 'n Schwuler redest, dann muß ich dich wie einen Schwulen behandeln.

EDDIE Na los, komm schon, Mann!

JOE Jetzt hört doch endlich auf mit der Scheiße! Ich habe genug davon! Ihr werdet euch sofort hinsetzen! Also, Eddie, als du reinkamst, haben wir uns gerade über eine ernste Angelegenheit unterhalten.

Der Ernst des Lebens beginnt wieder, das ist Vic und Eddie klar.
Also nehmen sie beide ihre Plätze vor Joes Schreibtisch ein.

Es scheint, als ob Vic ein Bewährungsproblem hat.

EDDIE Wer ist dein Bewährungshelfer?

VIC   Seymour Scagnetti.

EDDIE   Scagnetti. Verflucht! Ich hab gehört, daß er ein Arschloch ist.

VIC   Oh, ja. Und was für eins! Er will mich bloß als Freigänger rauslassen, solange ich nicht mal 'n richtigen Job habe.

EDDIE   Na, du willst doch bestimmt wieder für uns arbeiten?

VIC   Natürlich will ich das. Aber zunächst muß ich dieser Arschgeige nachweisen, daß ich 'ne reguläre Arbeit angenommen habe, damit ich da überhaupt raus darf. Ich kann doch schlecht für euch arbeiten, solange ich mir noch jeden Abend wegen des idiotischen Zehn-Uhr-Zapfenstreiches Gedanken machen muß.

JOE   *(zu Eddie)* Kein Problem, das kriegen wir schon hin, nicht wahr, Eddie?

EDDIE   Die Chancen stehen gar nicht mal schlecht. Wir können dir einen ganz regulären Job verschaffen. Du kannst als Dockarbeiter in Long Beach anfangen.

VIC   Ich schleppe aber keine beschissenen Kisten, Eddie.

EDDIE   Vic, du wirst überhaupt nichts schleppen. Du arbeitest nicht mal da. Aber dein Bewährungshelfer wird das glauben. Ich rufe Matthews, den Vorarbeiter, an und sag ihm, du bist der Neue, und sofort stehst du auf der Lohnliste. Deine Stempelkarte wird jeden Tag für dich abgestempelt, und am Ende jeder Woche kriegst du 'n fetten Gehaltsscheck, Dockarbeiter verdienen nämlich nicht schlecht. Davon kannst du eine halbwegs anständige Bude beziehen, ohne daß Scagnetti fragen kann, woher das Geld dafür kommt. Und falls er dich mal überraschenderweise besuchen will, dann hast du gerade 'ne Fuhre nach Tustin. Du mußt da eben 'ne Ladung Scheiße abholen. Und wenn er es noch mal versucht: «He! Tut uns leid, Seymour! Sie haben ihn gerade verpaßt. Er ist gerade nach Taft unterwegs, und das ist fünf Stunden entfernt. Wir haben da 'ne Ladung Scheiße, die er abholen und herbringen soll.» Es gehört nämlich zu deinem Job, daß du überall rumkommst, das ist das Vorteilhafte daran. Und wir haben überall Zweigbetriebe.

JOE *(zu Vic)* Na siehst du, Vic, du mußt dir keine Sorgen machen. *(zu Eddie)* Er hat sich nämlich Sorgen gemacht.

EDDIE Ich werde morgen mit dir nach Long Beach fahren. Wir besorgen dir da eine Bleibe, und ich erzähle Matthews, was los ist.

VIC Wißt ihr, ich weiß wirklich zu schätzen, was ihr da anleiert, *(kurzes Zögern)* aber ich wüßte gerne, wann ich wieder mal, ihr wißt schon, was Richtiges zu tun habe.

JOE Tja, schwer zu sagen. Zur Zeit läuft alles merkwürdig. Es läuft alles beschissen ...

EDDIE Beschissen wäre sogar geprahlt, verstehst du? Also, wir fahren in der nächsten Woche zu einem großen Treffen nach Las Vegas.

JOE Paß auf, Eddie besorgt dir erst mal eine Wohnung in Long Beach. Du kriegst einen Job und ein bißchen Geld, und dann versuchst du, diesen Scagnetti loszuwerden. Und dann werden wir weiterreden, ja?

EDDIE Dad, ich denke da gerade an was. Also, hör einfach mal zu! Ich weiß, du hast es nicht gern, wenn einer unserer Jungs dabei mitmacht. Aber Vic hier, ich meine, der hat uns bisher nichts als Glück gebracht, und dieser Bursche ist beinahe so was wie ein Talisman. Ich würde ihn gern dabeihaben. Ich weiß, daß er notfalls alleine zurechtkommt, und ich vertraue ihm.

Joe schaut Vic an.

Vic hat keine Ahnung, wovon sie reden.

JOE Also, Vic? Was würdest du davon halten, zusammen mit fünf anderen Jungs ein Ding zu drehen?

AUSBLENDE.
INNEN. TAG. FAHRENDES AUTO VOM NETTEN EDDIE.

Der nette Eddie fährt zum Treffpunkt und telefoniert. Die siebziger Jahre tönen aus seinem Autoradio in Form von ‹Love Grows Where My Rosemary Goes› von Edison Lighthouse.

K-BILLY Und weiter geht's mit K-Billys Hitparade der 70er Jahre, und jeder zwölfte Anrufer gewinnt zwei Eintrittskarten für die Monster-Truckshow, die heute nacht im Carson-Stadion stattfindet. Mit von der Partie sind die berühmtesten Monster-Trucks des ganzen Landes. Jeder zwölfte Anruf gewinnt bei dem Sender, bei dem die Hits der 70er Jahre überleben.

EDDIE *(ins Telefon)* Hey, Dov, wir haben hier große Schwierigkeiten.
Eddie schweigt einen Moment.
Ich weiß, daß du das weißt. Ich will sofort von Daddy wissen, wie es weitergehen soll.

ZWISCHENSCHNITT:
INNEN. TAG. LAGERHAUS.

Der Polizist steht mit auf den Rücken gebundenen Händen in der Mitte der Lagerhalle. Mr White, Mr Pink und Mr Blonde stehen um ihn herum und prügeln ihn windelweich. ‹Love Grows ...› spielt dazu.

ZURÜCK ZUM NETTEN EDDIE.

EDDIE *(ins Telefon)* Das ist in etwa alles, was ich darüber weiß. Die Sache ist plötzlich in 'ne wilde Schießerei ausgeartet. Vic hat sogar 'n Bullen als Geisel genommen, um da abzuhauen.

ZWISCHENSCHNITT:
LAGERHAUS.

Die drei Männer treten den Polizisten in Grund und Boden.

ZURÜCK ZU EDDIE.

EDDIE *(ins Telefon)* Klingt das etwa, als würde ich Witze reißen? Er fährt mit 'nem Bullen im Kofferraum durch die Gegend.
(schweigt einen Moment)
Keine Ahnung, wer was getan hat. Ich weiß auch nicht, ob jemand die Steine hat. Ich weiß nicht, ob überhaupt jemand sie hat. Ich weiß nicht, wer tot ist und wer überlebt hat, und ich weiß auch nicht, wen sie gekriegt haben und wen nicht … Ich werd's rausfinden, ich bin sowieso gleich da. Also, was soll ich denn nun den Jungs von Daddy ausrichten?
(schweigt)
In Ordnung. Und das hat er wirklich gesagt? Ja, das dachte ich mir.

SCHNITT AUF:
AUSSEN. TAG. LAGERHAUS.

Die drei Autos der anderen Männer stehen vor dem Lagerhaus.
Eddie fährt bis an das Lagerhaus heran. Er steigt aus und sieht sich die anderen Wagen an.

EDDIE *(zu sich selbst)* Diese Arschlöcher.
Eddie geht schnurstracks auf die Eingangstür zu, stößt sie auf und betritt die Lagerhalle.

INNEN. TAG. LAGERHAUS.

Die Männer haben den Polizisten auf einen Stuhl gebunden und bearbeiten ihn immer noch.

MR WHITE Nun mach schon das Maul auf, du Unschuldsengel.

MR PINK Na, wie gefällt dir das? Bist du vielleicht so 'n beschissener Held, hä? Bist du gerne ein verdammter Held? Du ... Scheiße.

MR WHITE Ich hau dich zum blutigen Klumpen. Hast du mich verstanden? Also, du wirst verdammt noch mal reden, oder ich werde dich in Stücke hauen.

POLIZIST Aber ich weiß doch überhaupt nichts.

MR WHITE Na klar weißt du es. Du weißt es, sieh mich an. Du weißt es, verdammt noch mal, spuck's aus.

Der nette Eddie kommt rein, und alle schrecken auf.

EDDIE Was, zum Teufel, ist denn hier eigentlich los?

Mr White und Mr Pink antworten gleichzeitig.

MR WHITE Du willst wissen, was hier los ist? Wo, zum Teufel, ist Joe?

MR PINK *(gleichzeitig)* Hey, Eddie, wir haben einen Bullen.

Der nette Eddie sieht Mr Orange.

EDDIE Ach du Scheiße, Orange ist tot.

MR WHITE Nein, er ist nicht tot. Aber er wird es bald sein, wenn wir uns nicht um ihn kümmern.

MR PINK Hör mal, wir sind reingelegt worden. Die Bullen haben da schon auf uns gewartet.

EDDIE Was? Wir arbeiten doch nicht mit den Bullen zusammen.

MR PINK Die Bullen haben da auf uns gewartet, Mann.

EDDIE Blödsinn.

MR PINK Halt doch die Fresse, Mann, du warst nicht da, aber wir. Und ich sage, die Bullen haben in dem Laden auf uns gewartet.

«Nun mach schon das Maul auf, du Unschuldsengel.»

Eddie: «Was, zum Teufel, ist hier los?»

EDDIE Na schön, mein oberschlauer Detektiv. Du bist ja so verdammt schlau. Hä, wer war es?

MR PINK Na, das fragen wir uns doch schon die ganze Zeit.

EDDIE Ach ja, und was kam bisher dabei raus? Denkst du, ich war es, denkst du, ich habe euch verraten?

MR PINK Keine Ahnung. Aber irgend jemand hat es getan.

EDDIE Keiner war es. Ihr verdammten Arschlöcher habt da eine wilde Schießerei angefangen. Und dann wundert ihr euch noch, daß die verdammten Bullen kommen?

MR BLONDE Wo ist denn Joe?

EDDIE Ich weiß nicht, ich hab nicht mit ihm gesprochen. Ich hatte Dov am Apparat, und er sagte, Daddy käme her und wäre unheimlich sauer.

MR PINK Ach, unheimlich sauer? *(zu Mr White)* Das hab ich dir doch gleich gesagt.

MR BLONDE Was hat Joe gesagt?

EDDIE Ich hab ihn doch gar nicht gesprochen. Ich weiß nur, daß er unheimlich sauer ist.

MR WHITE *(deutet auf Mr Orange)* Was machen wir jetzt mit ihm?

EDDIE Jetzt laß mich doch erst mal 'n bißchen Luft holen, ich hab nämlich selbst noch ein paar Fragen.

MR WHITE Du liegst aber nicht im Sterben, sondern er.

EDDIE Na schön, wenn du unbedingt darauf bestehst, dann ruf ich eben jemanden an.

MR WHITE Wen?

EDDIE Einen Arzt natürlich, oder glaubst du etwa, einen Schlangenbeschwörer? Der wird ihn wieder zusammenflikken. Also, was ist mit Brown und Blue passiert?

MR PINK Brown ist tot, und was mit Blue ist, wissen wir nicht.

EDDIE Brown ist tot? Seid ihr sicher?

MR WHITE Ganz sicher. Ich war da. Er hat 'ne Kugel in den Kopf gekriegt.

EDDIE Niemand hat eine Ahnung, was mit Blue passiert ist?

MR BLONDE Entweder lebt er noch, oder er ist tot. Oder die Bullen haben ihn oder auch nicht.
Kamera fährt zu Halbtotale des Polizisten.
EDDIE *(off)* Ich schätze, das ist der Bulle, von dem du erzählt hast. Warum schlagt ihr ihm die Fresse ein?
MR PINK Vielleicht kann er uns erzählen, wer das Verräterschwein ist.
EDDIE Wenn ihr diesen Burschen lange genug verprügelt habt, dann erzählt der euch noch, er hätte den Großbrand von Chicago entfacht, doch daß das keineswegs der Wahrheit entspricht, weiß ja wohl jeder. Komm schon, Mann, denk nach. Also, zuerst müssen wir noch etwas klären. Wer hat die Steine? Bitte, kann mir vielleicht irgend jemand von euch was Nettes zur Rettung meines Seelenfriedens erzählen?
MR PINK Ja, ich hab sie, und ich hab sie versteckt, okay? Ich konnte ja nicht wissen, ob die Polizei den Laden hier auch kennt.
EDDIE Gut gemacht. Also laß sie uns holen gehen. Aber zuerst mal müssen wir die Autos da draußen loswerden, das sieht aus wie 'n Gebrauchtwagenhandel für geklaute Kisten. Okay, *(zeigt auf Mr Blonde)* Blonde, du bleibst hier und paßt auf die beiden auf. White und Pink, ihr nehmt euch jeder einen Wagen, den haut ihr irgendwo in den Graben, und dann holen wir die Steine. Und während ich euch folge, kümmere ich mich um irgendeinen Arzt für unseren Freund.
MR WHITE Wir können die nicht allein lassen mit ihm.
Damit meint er Mr Blonde.
EDDIE Warum nicht?
Mr White geht rüber zu Mr Blonde.
MR WHITE Weil er ein beschissener Psychopath ist. Und wenn du vielleicht glaubst, daß Joe sauer ist, dann ist das nichts im Vergleich dazu, wie sauer ich auf ihn bin. Weil ich mit dem hier zusammenarbeiten mußte.

MR BLONDE *(zu Eddie)* Jetzt kannst du mal sehen, was ich mir hier alles anhören muß, Eddie. Ich bin hier reinspaziert und habe diesen Typen gesagt, sie sollen sich nicht von der Stelle rühren. Da zückt Mr White seine Knarre, steckt sie mir ins Gesicht, nennt mich einen Scheißkerl ... und sagt, er würde mich umlegen, blablablablabla.

MR WHITE Er ist schuld daran, daß das Ding in eine wilde Schießerei ausgeartet ist.
(zu Mr Pink) Warum bist du denn bloß so 'n maulfauler Partner? Sag's ihm.

MR PINK In dem Laden ist er durchgedreht, aber jetzt scheint er wieder in Ordnung zu sein.

MR WHITE Weißt du, was er gemacht hat?
Mr White spielt den anderen vor, wie Mr Blonde im Juwelierladen um sich geballert hat.
Peng. Peng. Peng. Peng.

MR BLONDE Ja, peng, peng, peng, peng, peng. Ich hatte die ja davor gewarnt, den Alarm einzuschalten. Wenn sie's getan hätten, so, wie ich's ihnen gesagt habe, dann wären sie noch am Leben.

MR WHITE Mein beschissener Held.

MR BLONDE Danke.

MR WHITE Soll das eine Entschuldigung dafür sein, daß du Amok gelaufen bist?

MR BLONDE Ich bin allergisch gegen Alarmanlagen.

EDDIE Ist doch egal, wer bei dem Bullen bleibt. Wir können ihn sowieso nicht laufenlassen, nachdem er uns alle gesehen hat.

POLIZIST Ich habe keinen von euch jemals gesehen.

MR PINK Halt deine verdammte Fresse, Mann.

EDDIE Ihr hättet ihn gar nicht erst aus dem Kofferraum holen dürfen.

MR PINK Wir wollten herausfinden, ob er was über den Verräter weiß.

EDDIE Ich sage euch, daß es keinen Verräter gibt.
Eddie nimmt die Situation in die Hand.
EDDIE Also, das läuft folgendermaßen. Blonde, du bleibst hier und kümmerst dich um die beiden.
NASH White und Pink, ihr kommt mit mir, denn wenn Joe kommt und da draußen die geparkten Autos sieht, dann wird er wahrscheinlich auf mich genauso sauer werden wie auf euch.
MR PINK Na schön. Dann gehen wir eben.
Eddie, Mr White und Mr Pink verlassen die Lagerhalle, unterhalten sich miteinander.

INNEN. TAG. LAGERHAUS.
MR BLONDE UND DER POLIZIST.

Mr Blonde schließt die Tür hinter ihnen. Dann dreht er sich langsam zu dem Polizisten um.

MR BLONDE Endlich allein. Stell dir mal vor, ich glaube, mein Auto steht im Parkverbot.

GROSSAUFNAHME – GESICHT DES POLIZISTEN.

MR BLONDE *(off)* Also, wo waren wir noch gleich?
POLIZIST Ich sagte doch schon, daß ich nichts von einem Verräter bei euch weiß. Ich bin erst seit acht Monaten bei der Polizei. Die erzählen mir noch gar nichts. Niemand hat mir was gesagt, da können Sie mich foltern, soviel Sie wollen.
MR BLONDE *(off)* Dich foltern, das ist eine gute, eine sehr gute Idee sogar. Das gefällt mir. Ja. Das finde ich gut.
POLIZIST Selbst Ihr Boss hat gesagt, daß Sie nicht verraten wurden.
MR BLONDE *(off)* Mein was?
POLIZIST Ihr Boss.

MR BLONDE   *(off)* Entschuldige mal, Kumpel. Eins wollen wir doch mal klarstellen. Ich habe keinen Boss.
Er schlägt den Polizisten ins Gesicht.
MR BLONDE   *(off)* Niemand sagt mir, was ich tun soll. Hast du verstanden? Hast du gehört, was ich gesagt habe?
POLIZIST   Schon gut, schon gut, schon gut, Sie haben keinen Boss, in Ordnung.
MR BLONDE   *(off)* Jetzt habe ich deinen Dreck an den Pfoten. Hör zu, Kleiner. Ich will dir gar nicht erst was vormachen, okay? Es ist mir eigentlich völlig egal, was du weißt oder nicht weißt. Weil ich dich in jedem Fall foltern werde. Ganz unabhängig davon, was du mir erzählst oder nicht. Es ist amüsant für mich, einen Bullen zu foltern. Du kannst mir erzählen, was du willst, das habe ich alles schon mal gehört. Wenn du was tun willst, dann bete für deinen schnellen Tod. Doch der ist dir leider nicht vergönnt.
Er verklebt dem Polizisten den Mund.

POV DES POLIZISTEN.

Mr Blonde entfernt sich vom Polizisten.

MR BLONDE   Hast du schon mal K-Billys Hitparade der 70er Jahre gehört? Das ist meine Lieblingssendung.
Er schaltet das Radio an. Stealer's Wheels Hit ‹Stuck in the Middle with You› kommt aus dem Lautsprecher.
K-BILLY   *(off)* Joe Egan und Gerry Rafferty bildeten die Gruppe Stealer's Wheel. Und im April 1974 nahmen sie diesen auf Bob Dylan getrimmten Pop-Bubblegum-Hit auf, der bis auf Platz fünf der Hitparade kletterte. Und genau diesen Titel werden wir jetzt als nächsten spielen.
Achtung: Die gesamte Sequenz ist auf die Musik abgestimmt.
Mr Blonde geht langsam auf den Polizisten zu. Er öffnet ein Rasiermesser.

Mr Blonde, Polizist: «Bete für deinen schnellen Tod.»

«Der ist dir leider nicht vergönnt.»

Mr Blonde starrt dem Polizisten/uns ins Gesicht, während er das Rasiermesser in der Hand hält und zur Musik singt.
Dann, ganz plötzlich, holt er aus wie eine Kobra.
Und schlitzt ihm übers Gesicht.
Der Polizist/die Kamera bäumt sich auf, zuckt hin und her.
Mr Blonde starrt dem Polizisten/uns ins Gesicht und singt den Siebziger-Jahre-Schlager mit.
Dann schneidet er dem Polizisten/uns das Ohr ab.
Er/Kamera bäumt sich auf, wildes Zucken.
Mr Blonde hält das Ohr hoch, damit er/wir es sehen können.

INNEN/AUSSEN. TAG. LAGERHAUS. HANDKAMERA.

Wir folgen Mr Blonde aus dem Lagerhaus zu seinem Wagen. Er öffnet den Kofferraum und holt einen großen Benzinkanister raus. Er geht zurück ins Lagerhaus ...

INNEN. TAG. LAGERHAUS.

... mit dem Benzinkanister.
Mr Blonde ergießt das Benzin über den Polizisten, der ihn anfleht, es nicht zu tun.
Mr Blonde singt zur Musik von Stealer's Wheel.
Mr Blonde zündet ein Streichholz an, während er singt:

MR BLONDE   Clowns to the left of me, jokers to the right, here I am, stuck in the middle with you.
Er führt das Streichholz an den Polizisten heran ...
... als eine Kugel Mr Blondes Brust trifft.
Reißschwenk nach rechts; wir sehen den blutverschmierten Mr Orange feuern.
Abwechselnd Schnitt auf Mr Blonde, der von Kugeln durchsiebt wird, und Mr Orange, der seine Waffe leerschießt.

Mr Blonde fällt tot um.

Mr Orange robbt zum Polizisten hinüber und zieht eine blutige Schleifspur hinter sich her.

Als er zu Füßen des Polizisten angelangt ist, sieht er zu ihm hoch.

MR ORANGE *(schwach)* Hey. Wie ist dein Name?

POLIZIST Marvin.

MR ORANGE Marvin wie?

POLIZIST Marvin Nash.

MR ORANGE Hör mal zu, Marvin, ich bin ein ... Hör mir zu, Marvin, ich bin ein Bulle.

MARVIN Ja, ich weiß.

MR ORANGE *(überrascht)* Ach ja?

MARVIN Ja, Ihr Name ist Freddy Soundso.

MR ORANGE Newendyke. Freddy Newendyke.

MARVIN Frankie Ferchetti hat uns mal vor ein paar Monaten vorgestellt.

MR ORANGE Daran kann ich mich nicht erinnern.

MARVIN Ich schon.
(wartet einen Moment)
He, hören Sie mal, Freddy, ... Freddy, ... wie sehe ich aus?
Der schwer verwundete Mr Orange betrachtet das zerschlitzte Gesicht des jungen Mannes und das Loch an der Kopfseite, wo das Ohr einmal gewesen war.

MARVIN Was ist? Was ist denn?

MR ORANGE Ich weiß nicht, was ich sagen soll, Marvin.
Marvin fängt an zu weinen.

MARVIN Dieser Mistkerl. Dieses kranke Mistschwein. Dieser verdammte Hurensohn.

MR ORANGE Marvin, halte durch. Einen Block weiter warten die Bullen schon.

MARVIN *(schreit)* Worauf, zum Teufel, warten die noch? Dieser wahnsinnige Kerl zerschneidet mein Gesicht. Und das Ohr hat er mir auch abgeschnitten. Das Schwein hat mich verstümmelt.

Marvin Nash (Kirk Baltz): «Wie sehe ich aus?»

Mr Orange (Tim Roth): «Ich weiß nicht, was ich sagen soll.»

MR ORANGE Maul halten. Maul halten, du Armleuchter, ich verrecke hier. Ich verrecke. Die werden nichts unternehmen, bis Joe Cabot hier auftaucht. Wir wollen ihn kriegen. Verstehst du? Du hast die Typen gehört. Er ist auf dem Weg hierher, also mach jetzt bloß nicht schlapp, Marvin. Wir werden hier still vor uns hinbluten, bis Joe Cabot seinen fetten Arsch zu der Tür da reinsteckt.

INSERT:
MR ORANGE.

INNEN. NACHT. DENNY'S HAMBURGER-RESTAURANT.

Ein Schwarzer namens Holdaway, ein rauher Bursche mit Malcolm-X-Bart, einer grünen Mao-Kappe mit rotem Stern und einer Fliegerjacke verschlingt einen Denny-Burger – Schinken, Käse, Avocado. Er sitzt allein in der Nische. Er wartet auf jemanden. Während er wartet, leert er praktisch eine ganze Flasche Ketchup über seine Pommes aus, und das nicht aus Versehen – er mag es nun mal so.
Wir sehen Mr Orange, jetzt Freddy Newendyke, in einer Highschool-Joppe das Lokal betreten. Er erspäht Holdaway und geht auf ihn zu. Holdaway sieht Freddy mit einem breiten, selbstgefälligen Grinsen auf sich zufedern.
Die Kamera fährt schnell den Gang hinunter zu einer Halbtotale von Holdaway. Wir hören Freddys Stimme aus dem Off.

FREDDY *(off)* Ich bin drin, Junge, du darfst mir gratulieren. Cabot hat einen Überfall geplant, und ich gehöre zum Team.
HOLDAWAY Hoffentlich ist das nicht wieder einer von deinen Witzen, Mann.

EINSTELLUNG AUS BAUCHHÖHE

auf Freddy, der am Tisch steht.

FREDDY   Das ist kein Witz. Ich habe den Kerl bei den Eiern.

GROSSAUFNAHME – HOLDAWAY.

Holdaway sieht seinen Schüler einen Moment lang an, dann lächelt er.

HOLDAWAY   Herzlichen Glückwunsch.

AUSSEN. NACHT. DENNY.

Durchs Fenster sehen wir Freddy auf die Sitzbank gegenüber Holdaway gleiten. Freddy redet viel, doch wir hören nicht, was er sagt.

INNEN. NACHT. STANDBILD.

Halbnahe von Holdaway, der Freddy zuhört. Wir hören Restaurantgeräusche und Freddys Stimme aus dem Off.

FREDDY   *(off)* Der nette Eddie hat mir erzählt, daß Joe mich treffen will. Er sagte, ich soll einfach in meiner Wohnung auf einen Anruf warten. Und nachdem ich drei Tage neben dem verdammten Telefon sitze, ruft er mich gestern an und sagt, Joe ist soweit. Und daß er mich in einer Viertelstunde abholen würde.
Das Standbild endet. Holdaway wird plötzlich lebendig und sagt:
HOLDAWAY   Wer hat dich denn abgeholt?
Von hier bis zum Ende Schuß, Gegenschuß.
FREDDY   Der nette Eddie. Wir fuhren zu dieser Bar ...
HOLDAWAY   ... Welche Bar?

FREDDY Smokey Pete. In Gardena. Wir kommen also da an, und ich treffe Joe und einen Kerl namens White, das ist ein Tarnname. Meiner ist Mr Orange.

HOLDAWAY Mr Orange?

FREDDY Mr Orange.

HOLDAWAY Okay, Mr Orange, hast du diesen Mistkerl schon mal gesehen?

FREDDY Wen? Mr White?

HOLDAWAY Ja, Mr Orange, Mr White.

FREDDY Nein, ich hab ihn noch nie gesehen. Er scheint mir nicht zu Cabots Leuten zu gehören, er ist von außerhalb. Joe kennt ihn sehr gut.

HOLDAWAY Woher weißt du das?

FREDDY So wie sie miteinander reden, scheinen sie alte Kumpels zu sein.

HOLDAWAY Hast du dich mit ihm unterhalten?

FREDDY Wen meinst du? Joe?

HOLDAWAY Mr White.

FREDDY Ein wenig.

HOLDAWAY Worüber?

FREDDY Die Brewers.

HOLDAWAY Ah, über Baseball.

FREDDY Ja. Offensichtlich hatten die am Vorabend gewonnen, und er scheint ein Fan zu sein.

HOLDAWAY Na, das ist ja interessant, Mann. Denn wenn dieser Kerl ein Brewers-Fan ist, dann kommt er bestimmt aus Wisconsin.

FREDDY Bingo.

HOLDAWAY Und ich würde mit dir um den Kontostand unserer verdammten Pensionskasse wetten, daß in Milwaukee schon 'ne Akte über diesen Mr-White-Arsch vorliegt. Also wirst du dir die Unterlagen über bewaffnete Raubüberfälle in Milwaukee vorknöpfen und seinen Namen rausfinden.

Holdaway nimmt einen großen Bissen von seinem Burger.

HOLDAWAY *(mit vollen Mund)* Was für Fragen hat Cabot gestellt?

FREDDY Wo ich herkomme, wen ich kenne, woher ich den netten Eddie kenne, war ich schon mal im Knast, lauter so 'n Krempel.

Holdaway hat genug geredet, jetzt ißt er seinen Burger. Er fordert Freddy mit einer Gebärde zu weiteren Ausführungen auf.

Er hat mich gefragt, ob ich Erfahrungen mit bewaffneten Raubüberfällen habe. Hab ihm aufgezählt, was ich vorzuweisen habe: ein paar Tankstellen, bißchen Gras verkauft, und dann hab ich ihm noch erzählt, wie ich und noch 'n Typ neulich mit 'ner Schrotflinte eine Pokerrunde in Portland haben hochgehen lassen.

HOLDAWAY Wie war Mikes Empfehlung?

FREDDY Perfekt. Seiner Empfehlung hab ich viel zu verdanken. Ich sagte denen, ich hätte mit Mike diese Pokerpartie gespielt. Und als Eddie bei ihm nachfragte, sagte er, ich wäre okay. Er sagte, ich sei ein guter Dieb. Kein Aufschneider. Und zu allem bereit. Sei fair zu ihm, er ist kein schlechter Kerl. Ohne ihn wäre ich da nie reingekommen.

HOLDAWAY Nein. Nein, nein, nein, nein, nein. Long Beach Mike ist keineswegs dein Amigo, Mann, Long Beach Mike ist nur ein verdammter Schleimscheißer. Er hat nämlich seine Freunde verkauft. So eine Drecksau ist dieser Kerl. Verstehst du? Dieser Arsch kriegt von mir, was er verdient, und du vergißt ab sofort diesen Schleimscheißer und denkst nur an deinen Auftrag, verstanden?

FREDDY Schon vergessen.

Kamera geht von Halbnahe zu Großaufnahme von Freddy.

HOLDAWAY *(off)* Hast du die Klogeschichte verwendet?

AUSSEN. TAG. DACHTERRASSE.

Freddy und Holdaway an einem ihrer zahlreichen Treffpunkte, einer Dachterrasse mitten in Los Angeles.

FREDDY Was ist denn die Klogeschichte?
HOLDAWAY Das ist eine Szene, Mann, präg sie dir ein.
FREDDY Aber warum soll ich die auswendig lernen?
HOLDAWAY Weißt du, ein verdeckter Ermittler muß wie Marlon Brando sein. Du mußt ein fabelhafter Schauspieler sein und dabei ganz natürlich wirken. So natürlich, als ob du dazugehörst.
FREDDY Verstehe.
HOLDAWAY Und wehe, du bist ein schlechter Schauspieler. Denn schlechte Schauspieler überleben in diesem Geschäft nicht lange.
FREDDY Ja.
(deutet auf einen Stapel Papiere)
Was ist das hier?
HOLDAWAY Das ist eine amüsante Anekdote über ein Drogengeschäft.
FREDDY Was?
HOLDAWAY Eine witzige Geschichte, die dir passiert ist, als du ein Ding gedreht hast.
FREDDY Ist das dein Ernst? Ich soll mir das alles hier merken? Das sind ja mehr als vier engbeschriebene Seiten.
HOLDAWAY Also, hör zu. Stell dir einfach vor, das Ganze wäre ein Witz, in Ordnung? Du prägst dir den Ablauf und die Pointe ein und dichtest den Rest dazu. Du kannst doch Witze erzählen, oder?
FREDDY Nicht so gut.
HOLDAWAY Stell dir einfach vor, du würdest 'nen Witz erzählen, okay? Das Wichtigste, woran du dich erinnern mußt, sind die Einzelheiten. Die Einzelheiten machen die Ge-

schichte erst glaubhaft. Diese Geschichte spielt auf dem Herrenklo im Bahnhof. Also solltest du auch in der Lage sein, das Klo zu beschreiben. Du mußt wissen, ob es da Papierhandtücher gibt oder einen Händetrockner. Du solltest auch wissen, ob die Scheißhäuser Türen haben oder nicht. Du solltest auch wissen, ob es da Flüssigseife gibt oder diese rosafarbene Granulatscheiße, die an den Schulen gerne verwendet wird. Du mußt wissen, ob es da heißes Wasser gibt und ob es da stinkt, weil irgend so ein ekliger, mieser Abschaum von einem Schleimscheißer seinen Dünnschiß da überall verteilt hat. Du mußt einfach alles über dieses Herrenklo wissen. Du mußt dir diese Einzelheiten so eintrichtern, daß du sie förmlich vor dir siehst. Und während du das tust, mußt du daran denken, daß diese Geschichte von dir handelt und wie sich das alles aus deiner Sicht abgespielt hat. Und um das hinzukriegen, mein Freund, mußt du dir das immer und immer und immer wieder vorbeten.

INNEN. TAG. FREDDYS WOHNUNG.

Freddy schreitet auf und ab, rein ins Bild und wieder raus, und übt die Anekdote ein. Er liest ganz gut, aber er liest immer noch ab, und hin und wieder stolpert er über seine Worte.

FREDDY Das war damals während der großen Marihuana-Dürre im Jahre 1986. Ich hatte immer noch eine Connection, was ganz wichtig war. Weil man nämlich sonst nirgendwo mehr was auftreiben konnte. Na, jedenfalls kannte ich diese Hippiebraut in Santa Cruz, und meine ganzen Freunde wußten darüber Bescheid. Die riefen mich an und sagten: «Hey, Freddy.» Sie sagten: «Hey, Alter, holst du wieder was? Könntest du mir was mitbringen?» Die wußten ja alle, daß ich das Zeug rauche, also baten sie mich, auch was für sie zu besorgen, wenn ich mir was hole. Aber

jedesmal, jedesmal, jedesmal, ... jedesmal, wenn ich wieder was gekauft habe, mußte ich was für vier oder fünf Leute mitbesorgen. Aber schließlich hab ich mir gesagt: Schluß mit der Scheiße. Ich mache ja damit nur dieses Miststück reich. Die mußte sich ja noch nicht mal mit diesen Typen treffen. Die ganze Arbeit hab ich doch gemacht.
Na, jedenfalls haben mich diese ständigen Anrufe irgendwann unheimlich genervt. Ich konnte mir nicht mal 'nen Videofilm ansehen, ohne dabei ständig unterbrochen zu werden. Hey, wann besorgst du dir denn das nächste Mal was? Du Armleuchter, ich versuche mir gerade 'n Film anzusehen, verstehst du? Wenn ich wieder was habe, ruf ich dich an. Dann kamen diese vernebelten Gehirne vorbei. Das sind zwar meine Freunde gewesen, aber, na ja, weißt du, ...
Freddy geht aus dem Bild.

SCHNITT AUF:
AUSSEN. TAG. DACHTERRASSE.

Wieder ein leeres Bild, nur diesmal offensichtlich draußen. Freddy kommt aus derselben Richtung ins Bild, in die er es in der vorhergehenden Szene verlassen hatte, und beendet den Satz. Als wir auf eine größere Einstellung gehen, sehen wir, daß Freddy seinen Monolog Holdaway vorträgt. Freddy schreitet auf und ab, während er seine Geschichte ausschmückt.

FREDDY ... ich kaufte das Gras immer in 60-Dollar-Portionen, doch die wollten keine 60 Dollar ausgeben, sondern höchstens was für zehn. Und immer wieder das Zeug aufzuteilen ging mir auf den Keks. Ich hab doch keine Ahnung, wie groß so 'ne Zehn-Dollar-Ration ist. Das war 'ne sehr merkwürdige Situation. Wißt ihr noch, wie das damals war, 1986, als es kein Fitzelchen mehr gab. Niemand hatte was zu rauchen, und außer dem ausgekratzten Sud aus Pfeifen-

Holdaway (Randy Brooks), Freddy/Mr Orange: «Kannst du Witze erzählen?»

köpfen gab's nichts, doch diese Kleine hatte eine Menge Gras. Sie wollte, daß ich es für sie verkaufe. Also sagte ich ihr, ich hätte keine Lust mehr, den Dealer zu spielen, aber ich würde ihr kleine Mengen abnehmen, um es an meine engsten Freunde weiterzuverkaufen. Sie erklärte sich einverstanden und bot mir sofort an, daß ich Gras umsonst kriege und noch zehn Prozent, falls ich ihr an diesem Wochenende helfen würde. Sie wollte ganz viel auf einmal verkaufen, doch sie wollte es nicht selber machen.

SCHNITT AUF:
INNEN. NACHT. DIE BAR SMOKEY PETE.

Freddy, Joe, der nette Eddie und Mr White sitzen in einer rot erleuchteten, verrauchten Bar um einen Tisch herum. Freddy fährt fort mit seiner Geschichte. Die Gauner amüsieren sich königlich.

FREDDY Normalerweise hat das ihr Bruder für sie erledigt, doch den hatten sie gerade eingebuchtet.

MR WHITE Weswegen?

FREDDY Es gab da einen Haftbefehl gegen ihn wegen nichtbezahlter Strafmandate, und deswegen kam er in den Knast. Na, jedenfalls wollte sie das Zeug nicht alleine hinbringen. Und irgendwie wollte ich es auch nicht. Ich hatte gleich so 'n beschissenes Gefühl dabei, aber sie bekniet mich und bittet mich immer wieder, bis ich sage, okay. Schluß mit dem Gejammer. Also, dieser Typ wartet am Bahnhof auf uns.

EDDIE Warte mal. Du gehst zum Bahnhof, um den Käufer zu treffen, mit dem Gras in der Tasche?

FREDDY Dieser Kerl wollte es sofort haben, frag mich nicht, wieso. Jedenfalls, wir kommen am Bahnhof an, und der Kerl ist nicht da. Also, ich habe das Gras in so einer kleinen Sporttasche und gehe kurz mal pissen. Ich erzähle ihr also, daß ich mal müßte und sofort wiederkäme.

SCHNITT AUF:
INNEN. TAG. HERRENKLO IM BAHNHOF.
HALBNAHE VON FREDDY.

Er kommt durch die Tür mit einer Reisetasche über der Schulter. Als er in der Toilette ist, bleibt er auf der Stelle stehen. Großaufnahme.

FREDDY *(Off-Text)* Ich komme also in die Toilette. Und wer steht da?

STANDBILD

von Freddy, der vier Los Angeles County Sheriffs und einem deutschen Schäferhund gegenübersteht. Alle haben ihre Augen auf Freddy gerichtet. Alle im Standbild.

Mr White, Joe, Eddie: «Das ist 'ne verdammt ernste Situation.»

«Ach was, nur 'n paar Bullen, die sich auf dem Klo unterhielten.»

Vier Sheriffs aus Los Angeles und ein deutscher Schäferhund.

EDDIE *(Off-Text)* Die haben auf dich gewartet?

FREDDY *(Off-Text)* Nein, das waren nur 'n paar Bullen, die sich auf dem Klo unterhielten. Und als ich zur Tür reinkomme, da hören sie auf zu quatschen und starren mich an.

ZURÜCK IN DER BAR.
EXTREME GROSSAUFNAHME – MR WHITE.

MR WHITE Das ist hart, Mann. Das ist 'ne verdammt ernste Situation.

ZURÜCK ZUM HERRENKLO.
EXTREME GROSSAUFNAHME – DEUTSCHER SCHÄFERHUND

der sich die Seele aus dem Leib bellt.

FREDDY *(Off-Text)* Dieser Schäferhund fängt an zu bellen. Er bellt mich an. Ich meine, es ist offensichtlich, daß er mich meint.
Wir machen einen langsamen 360-Grad-Schwenk im Herrenklo.
Wir hören den Hund bellen.
Jeder Nerv in mir, alle meine Sinne, das Blut in meinen Adern, einfach alles in mir schreit mich an: «Hau ab, Mann. Verpiß dich, sieh zu, wie du flüchten kannst.» Die Panik erwischt mich wie 'n Eimer kaltes Wasser, zuerst ist da der Schock, der mich, peng, mitten ins Gesicht trifft.
Ich stehe also von Panik geschüttelt da, während mich diese Typen anstarren. Sie können es riechen, Mann, ja, sie wissen es. Sie können es fast genauso gut riechen wie dieser Hund, und ich denke, jetzt haben sie mich.

von Freddy, der den Sheriffs gegenübersteht. Plötzlich läuft das Bild wieder. Der Hund bellt. Freddy geht nach rechts, geht aus dem Bild. Wir bleiben auf den Sheriffs. Einer der Sheriffs brüllt den Hund an.

ERSTER SHERIFF Halt's Maul.
Der Hund beruhigt sich. Der zweite Sheriff setzt seine Geschichte fort. Einige der Sheriffs sehen zu Freddy hinüber, der sich außerhalb des Bildes befindet, doch als der zweite Sheriff spricht, wenden sie sich wieder ihm zu.

ZWEITER SHERIFF Also, na ja, jedenfalls hatte ich meine Waffe gezogen, klar? Und ich zielte mit ihr direkt auf diesen Kerl. Und ich sage zu ihm: «Hände hoch, keine Bewegung.» Und dieser kleine Idiot guckt mich nur an, nickt mit dem Kopf und sagt: «Ich weiß, ich weiß, ich weiß.» Aber in der Zwischenzeit bewegt sich seine Hand munter auf das Handschuhfach zu. Ich schreie den Mann an und sage: «Du Arschloch. Wenn du nicht sofort die Hände auf das Armaturenbrett legst, muß ich dich abknallen.» Und er starrt in meine Augen, nickt ganz nett vor sich hin und sagt: «Ich weiß, Kumpel, ich weiß, ich weiß.» Und währenddessen kriecht seine Hand noch weiter auf das Handschuhfach zu. *Die Kamera schwenkt zu Freddy, der am Pinkelbecken steht und so tut, als würde er seine Notdurft verrichten.*
Und ich sage: «Freundchen, ich muß dir jetzt gleich das Gesicht wegschießen, wenn du nicht sofort die Hände aufs Armaturenbrett legst.» Die Freundin von diesem Kerl war so 'n geiles Stück Scheiße, und die fing jetzt an, ihn anzuschreien: «Joe, Joe, was tust du denn da? Hör auf den Polizisten und leg deine Hände aufs Armaturenbrett.» Und auf einmal, so, als ob nichts gewesen wäre, wird der Typ wieder normal und legt seine Hände aufs Armaturenbrett.

Freddy beendet seine angebliche Pinkelpause und geht an den Sheriffs vorbei zum Waschbecken. Die Kamera schwenkt mit. Ein Sheriff sitzt auf dem Waschbecken. Er blickt hinunter und sieht zu, wie Freddy sich die Hände wäscht.

ERSTER SHERIFF Und was wollte er da nun im Handschuhfach?
ZWEITER SHERIFF Na, seine blöde Zulassung rausholen.
ERSTER SHERIFF Nein, du machst doch wohl Witze?
ZWEITER SHERIFF Nein, Mann. Dieser dämliche Zivilist hatte keine Ahnung, wie nah er daran war, umgelegt zu werden. So nah, Mann.

Freddy hat sich die Hände gewaschen. Nun will er sie abtrocknen, aber es gibt nur automatische Händetrockner. Freddy startet das Gerät. Jetzt hört er die Sheriffs nicht mehr. Der Lärm des Händetrockners dominiert den Soundtrack.

Folgende Einstellungen in Zeitlupe:

GROSSAUFNAHME – FREDDY.
GROSSAUFNAHME – *seine Hände, die sich unter dem Trockner reiben.*

Einstellung von Sheriffs, die Freddy anstarren.

GROSSAUFNAHME – FREDDY.
GROSSAUFNAHME – FREDDYS HÄNDE.
GROSSAUFNAHME – DEUTSCHER SCHÄFERHUND.

Er bellt. Wegen des Händetrockners können wir ihn nicht hören. Das Gerät schaltet sich ab. Freddy dreht sich um und verläßt den Raum.

ZURÜCK ZUR BAR.
GROSSAUFNAHME – JOE.

JOE *(lacht)* Du wußtest eben, wie man mit dieser Situation umgehen muß. Du hast dich nicht vor der Scheiße gefürchtet, sondern bist durchgeschwommen.
In Zeitlupe zündet sich Joe eine Zigarre an.
HOLDAWAY *(off)* Erzähl mir mehr über Cabot.
FREDDY *(off)* Ich weiß auch nicht. Er ist ein cooler Typ. Er ist witzig. Er ist 'n richtiger Witzbold.

INNEN. NACHT. DENNY'S.

FREDDY Hast du früher mal «die Phantastischen Vier» gelesen?
HOLDAWAY Ach ja, das ist doch das mit dieser unsichtbaren Braut und der menschlichen Fackel, nicht wahr?
FREDDY Er ist das Ding. Dieser Mistkerl sieht haargenau so aus wie das Ding.*

** [SCHNITT AUF:
INNEN. TAG. FREDDYS WOHNUNG.

Freddy sitzt an einem Tisch, ißt Captain Crunch und sieht sich Fahndungsbilder an.

---

* A. d. Ü.: Das Ding ist eine sehr grobschlächtig aussehende Mutation.
** Aus dem Film herausgeschnitten

Freddy/Mr Orange: «Ich hab ihn gefunden.»

GROSSAUFNAHME – EINIGE HÄSSLICHE FOTOS.

Wir kommen zu Mr Whites Fahndungsbild. Freddy erkennt ihn. Er greift zum Telefon, wählt eine Nummer und schaufelt sich noch schnell einen Löffel Captain Crunch in den Mund, bevor am anderen Ende jemand abnimmt.

HOLDAWAY *(off)* Ja?
FREDDY *(mit vollem Mund)* Jim?
HOLDAWAY *(off)* Was soll das, wer ist da?
 Er schluckt.
FREDDY Freddy Newendyke.
HOLDAWAY *(off)* Hast du ihn gefunden, Newendyke?
FREDDY Ich hab ihn genau vor mir.
HOLDAWAY *(off)* Und, wie heißt Mr White wirklich?
FREDDY Lawrence Dimick, D-I-M-I-C-K.

HOLDAWAY (off) Gut gemacht, Newendyke. Mal sehen, was wir über den Scheißkerl rauskriegen.

SCHNITT AUF:
INNEN. TAG. COMPUTERRAUM.
GROSSAUFNAHME – COMPUTERBILDSCHIRM.

Der Name Dimick, Lawrence wird eingetippt

GROSSAUFNAHME – ‹ENTER›-TASTE WIRD GEDRÜCKT.
GROSSAUFNAHME – COMPUTERSPEZIALISTIN JODIE MCCLUSKEY.

JODIE Ihr Leben wird ausgedruckt, Lawrence Dimick!

GROSSAUFNAHME – DRUCKER

druckt die Seite aus. Das Rattern des Druckers ist sehr laut. Jodies Hand greift ins Bild und reißt das Papier aus dem Drucker.

SCHNITT AUF:
AUSSEN. TAG. HAMBURGER-BUDE.

Freddy, Holdaway und Jodie sitzen an einem Tisch vor einer Hamburger-Bude und stopfen sich mit riesigen Hamburgern voll.

HOLDAWAY Lesen Sie mal vor, McCluskey.
JODIE Lawrence ‹Larry› Dimick. Auch bekannt als Lawrence Jacobs und Alvin ‹Al› Jacobs. Lieblingsbeschäftigung: Bewaffnete Raubüberfälle. Der Typ ist ein Profi und hat sich 'n Prinzip draus gemacht, sich nicht erwischen zu lassen. Wurde bloß zweimal gefaßt, was ziemlich gut ist für einen hauptberuflichen Kriminellen. Das erste Mal für bewaffneten Raubüberfall in Milwaukee, mit einundzwanzig Jahren.

FREDDY Was war das?

JODIE Zahlstelle in einem Holzhandel. Erstes Vergehen – er hat achtzehn Monate gekriegt. Ist nicht mehr erwischt worden bis zweiunddreißig. Und da war's eigentlich nur Zufall, eine Routine-Razzia der Drogenfahndung. Sie stürmen eine Bar, da sitzt unser Freund Lawrence und kippt sich 'n paar hinter die Binde. Sie nehmen ihn mit; er hat 'ne .45er Automatik dabei, offensichtlich seine Lieblingswaffe. Und an seinem Finger trägt er einen Diamantring, der aus einem Überfall auf einen Juwelierladen vor einem Jahr stammt. Dafür hat er noch mal zwei Jahre gekriegt.

Freddy verzieht das Gesicht.

FREDDY Verdammt, das ist viel.

JODIE Das waren bisher seine einzigen Strafen.

HOLDAWAY War dieser Drogenfahndungskrempel in Milwaukee?

JODIE Nein. Die Razzia war in LA. Er ist seit '77 in Los Angeles.

FREDDY Wann war er denn im Knast?

JODIE 1983, rausgekommen ist er 1985. Ich hab noch was gefunden, was euch interessieren sollte. Vor rund anderthalb Jahren gab es oben in Sacramento einen verdeckten Ermittler, John Dolenz, der sich in eine Gruppe eingeschleust hatte, die einen Banküberfall plante. Anscheinend haben die noch vor dem Überfall spitzgekriegt, daß er ein Bulle war. Und jetzt folgendes: Es ist Dolenz' Geburtstag, und 'n paar Kollegen haben in seiner Wohnung eine Überraschungsparty vorbereitet. Die Tür geht auf, alle rufen ‹Überraschung!›, und da steht Dolenz in der Tür mit einem anderen Typen, der ihm einen Revolver in die Rippen bohrt. Bevor irgend jemand weiß, was da abgeht, erschießt der Fremde Dolenz und ballert mit zwei .45ern in die Menge.

HOLDAWAY Und weiter?

JODIE Es war schrecklich. Polizisten, Ehefrauen, Freundinnen, sein Hund – alle haben was abgekriegt. Glassplitter im Gesicht. Drei Tote, sechs Verletzte.

FREDDY Und sie haben keinen der drei Bankräuber dafür drangekriegt?

JODIE Versucht haben sie's, aber sie konnten sie nicht eindeutig identifizieren. Außerdem hatten wir nichts gegen sie in der Hand. Wir hatten die Aussage eines Toten, daß sie einen Banküberfall planen. Doch der hat nie stattgefunden.

FREDDY Und Larry Dimick war einer von den Jungs?

JODIE Wahrscheinlich sogar derjenige, welche.

HOLDAWAY *(zu Freddy)* Wie sicher ist deine Tarnung?

FREDDY Heute finden sie vielleicht was raus, morgen finden sie vielleicht was raus, aber gestern wußten sie nichts. Was ist der nächste Schritt?

HOLDAWAY Tu, was sie sagen. Bleib in deiner Wohnung und warte, bis sie dich runterrufen. Wir haben Jungs draußen postiert, die hinter dir herfahren, wenn du abgeholt wirst.]

INNEN. TAG. FREDDYS WOHNUNG.
GROSSAUFNAHME – TELEFON.

Es klingelt. Freddy geht ran, wir folgen dem Hörer zu Freddys Gesicht.

FREDDY Ja?

EDDIE *(off – durchs Telefon)* Hey, es ist soweit, mach dich fertig.

INNEN. TAG. AUTO VOM NETTEN EDDIE. STEHT.
GROSSAUFNAHME – *Der nette Eddie am Telefon.*

EDDIE Ich steh unten vorm Haus.

FREDDY *(off – durchs Telefon)* Ich komme sofort.

Durchs Telefon hören wir den Klick, als Freddy auflegt. Der nette Eddie legt auf.

EDDIE Er kommt gleich runter.

INNEN. TAG. FREDDYS WOHNUNG.

Die Kamera folgt Freddy, während er durch die Wohnung flitzt und alles Nötige zusammensammelt. Er zieht seine Jacke und ein Paar Turnschuhe an.
Bevor er geht, wühlt er auf dem Tisch in einem Haufen Münzen herum, findet seinen Ring und zieht ihn an.
Die Kamera fährt schnell auf den Türknauf der Eingangstür zu. Freddys Hand kommt ins Bild, ergreift den Knauf, läßt dann los. Wir schwenken hoch in sein Gesicht.

FREDDY *(zu sich selbst)* Jetzt mach dir bloß nicht in die Hosen. Die haben keine Ahnung. Die wissen gar nichts.
(hält einen Moment inne)
Du wirst nicht verletzt werden. Weil du so ein abgebrühter Superbulle bist, glauben Sie dir alles, was du sagst.
Er geht aus dem Bild. Wir bleiben, wo wir sind, und hören bloß, wie die Tür auf- und wieder zugemacht wird.

AUSSEN. TAG. FREDDYS WOHNUNG.
POV EINES POLIZISTEN.

Zwei Polizisten sitzen in einem Wagen auf der anderen Straßenseite und sehen, wie Freddy aus dem Haus kommt und auf Eddies Wagen zugeht, der am Straßenrand parkt.

ERSTER POLIZIST *(off)* Da kommt unser Mann.
ZWEITER POLIZIST *(off)* Ich schwöre dir, dieser Typ muß 'nen absoluten Dachschaden haben, als verdeckter Ermittler zu arbeiten.

Freddy/Mr Orange: «Jetzt mach dir bloß nicht in die Hosen.»

ERSTER POLIZIST *(off)* Willst du noch einen Gummibonbon?
ZWEITER POLIZIST *(off)* Ja, gib mir noch einen rüber.
Freddy steigt in den Wagen, der sich in den Verkehr einfädelt. Der erste Polizist läßt den Motor an und nimmt die Verfolgung auf.

INNEN. TAG. AUTO VOM NETTEN EDDIE. FÄHRT.

Der nette Eddie sitzt am Steuer. Mr Pink auf dem Beifahrersitz. Freddy und Mr White sitzen beide hinten.

MR PINK Also, ich weiß schon, wovon ich spreche. Schwarze Frauen sind nicht dasselbe wie weiße Frauen.
MR WHITE *(spöttisch)* Die Hautfarbe ist anders.
Alle lachen.
MR PINK Sehr komisch, du weißt schon, was ich meine. Was

sich 'ne weiße Nutte gefallen läßt, das läßt sich 'ne schwarze noch nicht mal im Traum gefallen. Die haben eine Grenze, und wenn du die überschreitest, dann scheißen sie dich an.

EDDIE   Da muß ich Mr Pink recht geben, das sehe ich absolut genauso.

MR WHITE   Na gut, du Fachmann, wenn das so eine Binsenweisheit ist, woran liegt es dann, daß jeder Schwarze, den ich kenne, seine Frau behandelt wie ein Stück Scheiße?

MR PINK   *(off/on)* Ich halte jede Wette, daß diese verdammten Nigger, die in der Öffentlichkeit so angeben, daß die, wenn die zu Hause bei Frauchen sind, ganz schnell den Schwanz einziehen.

MR WHITE   Nicht die, die ich kenne.

MR PINK   Oh, doch, auch diese Typen.

EDDIE   Ich erzähle euch 'ne Geschichte. In einem von Daddys Clubs, da arbeitete 'ne schwarze Kellnerin mit dem Vornamen Elois.

MR WHITE   Elois?

EDDIE   Elois. E- lois. Wir nannten Sie Lady E.

MR WHITE   Na sag mal, war die etwa adlig?

EDDIE   Sie kam aus Ladora Heights.

MR PINK   Oh, Ladora Heights, das ist das schwarze Beverly Hills.

EDDIE   Nein, das ist nicht das schwarze Beverly Hills. Das ist eher das schwarze Latinoviertel. Na, jedenfalls, diese Lady E, ihr müßt wissen, die sah einfach umwerfend aus, einfach unglaublich. Jeder Kerl, der sie auch nur einmal zu Gesicht bekommen hat, ist gleich auf die Toilette gerast und hat sich erst mal einen runtergeholt. Wißt ihr, wie sie ausgesehen hat? Sie sah aus wie diese Christie Love, dieser schwarze weibliche Bulle aus der Fernsehserie «Ein Auftrag für Christie Love».

MR PINK   Oh, ja, na klar doch.

EDDIE Die hat doch immer gesagt: «Du bist verhaftet, Süßer.»

MR PINK *(gleichzeitig)* «Du bist verhaftet, Süßer.» Wie hieß denn noch gleich diese Schauspielerin?

EDDIE Pam Grier.

FREDDY Nein, das war nicht Pam Grier, sie war überhaupt nicht dabei. Pam Grier hat den Film gemacht. Christie Love war wie die Pam-Grier-Fernsehshow, aber ohne Pam Grier.

MR PINK Und wer war jetzt Christie Love?

FREDDY Woher soll ich das wissen?

MR PINK Na großartig, du hast mir sehr geholfen.

EDDIE Ist doch völlig egal, wer sie war. Sie sah jedenfalls genauso aus wie Elois.

FREDDY Anne Francis.

MR WHITE Nein. Die war doch die Honey West.

MR PINK Anne Francis ist 'ne Weiße.

EDDIE Maul halten. Laßt mich endlich diese Geschichte erzählen. Sie sah genauso aus wie Elois. Na, jedenfalls komme ich eines Tages in den Club, und da steht Carlos, der Barmann, der ist 'ne Tunte und 'n illegaler Einwanderer. Und ich sage zu ihm: «Carlos, wo ist denn Lady E heute abend?» Und er ... Also, ihr müßt wissen, daß Lady E mit einem richtigen Arschloch verheiratet war, der war so ein richtig mieses Schwein. Der hat ihr dauernd was angetan.

FREDDY Was heißt angetan? Was hat er denn mit ihr angestellt? Hat er sie verprügelt, oder vergewaltigt?

EDDIE Keine Ahnung, jedenfalls hat er sie schlecht behandelt.

FREDDY Na schön.

EDDIE Na, jedenfalls, eines Nachts zahlt sie ihm alles heim. Sie wartet, bis dieser Scheißkerl besoffen ist. Er schläft auf der verdammten Couch ein, sie schleicht sich heimlich an ihn ran, und sie macht ein paar Tropfen Superkleber auf sein Ding.

MR WHITE Oh.

EDDIE Und sie klebt seinen Schwanz an den Bauch.
MR PINK Nein.
MR WHITE Also, das ist ja grauenhaft.
EDDIE Das ist mein, das ist mein, das ist mein voller Ernst, Mann, ganz im Ernst, mein voller Ernst, der Notarzt mußte kommen, um den Schwanz loszuschneiden. Stellt euch das vor.
FREDDY Mit Superkleber kann man verrückte Sachen anstellen.
MR WHITE War ihm das nicht peinlich?
EDDIE Wie würdest du dich fühlen, wenn du mal dringend pinkeln mußt und du stellst fest, das geht nur im Handstand.

Alle lachen.

* [AUSSEN. TAG. LAGERHAUS.

Der nette Eddie hält vor dem Lagerhaus. Die vier Männer steigen aus dem Wagen und folgen Eddie hinein.

INNEN. TAG. LAGERHAUS.

Die vier Männer betreten die Lagerhalle.
Am anderen Ende der Halle sitzen Mr Blonde, Mr Brown, Mr Blue und Joe Cabot auf Stühlen.
Diese Szene nehmen wir von oben auf, so daß wir auf die Männer herabblicken.

JOE *(an alle gewandt)* ... Die unterhalten sich also darüber, wie sie's ihren Frauen besorgen, und dieser Franzose sagt:
(in schlechtem französischem Akzent)
‹Isch brauch nur meinen Ding rausholen und kitzeln Fifis

---

* Aus dem Film herausgeschnitten

petit o-la-la, und voilà, sie hebt ab einen halben Meter über das Bett.›

Da sagt der Italiener:

GROSSAUFNAHME – JOE.

> *(in authentischem Brooklyn-Akzent)*
> ‹Das ist ja gar nichts. Wenn ich meine Zungenspitze nehme und damit Mary Louises Lustwarze berühre, hebt sie ab, und zwar einen Meter übers Bett.› Da sagt unser polnischer Freund:
> *(monoton)*
> ‹Ihr seid keine Potenzmänner. Wenn ich meine Sophie gefickt habe, wisch ich meinen Schwanz am Vorhang ab, und ratet mal, was dann passiert? Sie geht an die Decke!›
> *Joe lacht wie verrückt.*
> Ha, ha, ha, ha, ha!
> *Gelächter aus dem Off.*
> Ist das nicht großartig? Der bescheuerte Polacke wischt sich den Schwanz an den Gardinen ab.
> *Joe begrüßt die Neuankömmlinge.*
> Schön, daß ihr da seid.

JOE GEHT AB – GROSSAUFNAHME.

Jetzt haben wir alle aus der Anfangsszene in Uncle Bob's Pancake House wieder zusammen.
Die Männer sitzen auf Klappstühlen, einige stehen. Joe sitzt vor ihnen auf einer Tischkante. Rechts eine Tafel mit dem Lageplan des Juwelierladens.
Wir fahren einmal um die Männer herum.

EDDIE Wir wären ja schon früher gekommen, aber um La Brea und Pico sind wir in einen Stau geraten.

JOE Keine Hast.
(zu den Jungs)
Also, dann machen wir uns mal bekannt.]

* [INNEN. TAG. LAGERHAUS.

JOE Tja, ihr Jungs erzählt gern Witze, und ihr kichert und lacht euch tot, hä? Ihr kichert wie 'n Haufen kleiner Mädchen auf dem Schulhof. Ich will euch 'n Witz erzählen.
Kamera fährt über die Gesichter der Männer.
Fünf Kerle sitzen in 'ner Zelle, in San Quentin. Fragen sich, wie zum Teufel sie da reinkamen. «Was haben wir falsch gemacht? Was hätten wir besser machen können?» Und dann natürlich: «Es war deine Schuld, seine Schuld, meine Schuld.» Dieser ganze Scheiß. Irgendwann denkt sich einer von denen: «Hey, Moment mal, als wir damals das Ding geplant haben, haben wir nur rumgesessen und Witze erzählt.» Habt ihr mich verstanden? Also. Wenn wir dieses Ding erst mal erfolgreich gedreht haben, dann werde ich mit euch zusammen nach Hawaii fliegen und mich da austoben. Ihr lernt mich dann von einer anderen Seite kennen. Im Augenblick geht es mir nur ums Geschäft.] Außer Eddie und mir werden wir während dieser Arbeit Decknamen verwenden. Ich verlange, daß ihr euch unter gar keinen Umständen mit euren richtigen Namen anredet. Und ich verbiete jegliche Gespräche über persönliche Dinge. Kein Gequatsche darüber, woher ihr kommt, wie eure Frau heißt, wo ihr schon mal im Knast wart und ob ihr schon mal 'ne Bank in St. Petersburg überfallen habt. Wenn ihr euch schon unbedingt unterhalten wollt, dann redet darüber, was ihr vorhabt. Das reicht völlig. So sind Eddie und ich die einzigen, die die Mitglieder unseres Teams kennen. Und so will ich's

---

* Während der Aufnahmen hinzugefügt.

haben. Denn in dem unwahrscheinlichen Fall, daß einer von den Bullen geschnappt wird, was ich nicht erwarte – es sollte eigentlich nicht passieren –, wißt ihr nichts. Ihr kennt meinen Namen, und ihr kennt Eddies Namen. Das ist mir egal. Ihr müßtet das beweisen. Darüber mach ich mir keine Sorgen. Außerdem müßt ihr mir so vertrauen, und das ist gut so. Ich habe das Ganze geplant und die Männer ausgesucht, die ich für diesen Job haben wollte. Keiner kam zu mir, ich bin auf euch zugekommen. Ich kenne euch. Ich kenne eure Arbeit, euren Ruf. Ich kenne euch als Menschen. Bis auf ihn hier.
Joe zeigt auf Freddy.
Freddy kriegt Schweißausbrüche.
Aber er ist in Ordnung. Sonst wäre er nicht hier. Gut, jetzt stelle ich euch einander vor. Aber – auf die Gefahr hin, mich zu wiederholen: Wenn ich höre, daß einer sich oder jemand anders beim Vornamen nennt ...
(Joe sucht nach den richtigen Worten)
... dann möchte ich nicht in eurer Haut stecken. Hier sind eure Namen.
Joe zeigt auf die Männer, während er ihnen ihre Namen zuteilt.
Mr Brown, Mr White, Mr Blonde, Mr Blue, Mr Orange und Mr Pink.

MR PINK Warum bin ich Mr Pink?
JOE Weil du 'ne Schwuchtel bist, ist das klar?
Alle lachen.
MR PINK Wieso dürfen wir die Farben nicht aussuchen?
JOE Auf gar keinen Fall. Ich hab's versucht, das funktioniert nicht. Dann hast du vier Kerle, die sich darum streiten, wer Mr Black sein darf. Und weil nun mal keiner den anderen kennt, macht auch keiner 'n Rückzieher. Nein, ich wähle die Namen aus, und du heißt Mr Pink. Sei froh, daß du nicht Mr Yellow heißt.

Joe: «Alles läuft nach meinem Plan.»

«... und ich kenne euch genau.»

MR BROWN Schön und gut, aber Mr Brown klingt doch sehr nach Mr Scheiße.
Alle lachen.
MR PINK Und Mr Pink klingt mir irgendwie zu tuntig. Ich möchte lieber Mr Purple heißen. Das wär ein Kompromiß, mit dem ich leben kann.
JOE Du kannst nicht Mr Purple sein. Ein anderer arbeitet schon unter dem Namen Mr Purple. Du bist Mr Pink.
MR WHITE Wen interessiert schon, wie du heißt?
MR PINK Na, du hast gut reden, denn du bist ja Mr White und hast einen gutklingenden Namen. Also, wenn es dir nichts ausmacht, dann bist du Mr Pink, wollen wir tauschen?
JOE Hey, niemand tauscht hier irgendwelche Namen aus. Das ist hier keine gottverdammte Sitzung des Parlaments, weißt du? Jetzt hör mal gut zu, Mr Pink. Du hast nur eine Chance, an der Sache teilzunehmen. Du machst, was ich will, oder du kannst abhauen. Also, wie willst du es haben, Mr Pink?
MR PINK Ist ja schon gut, Joe, so wichtig ist das auch wieder nicht. Das geht mir am Arsch vorbei, ich bin Mr Pink, laß uns weitermachen.
Die Kamera schwenkt von den Männern zu der Tafel mit dem Lageplan des Juwelierladens herüber.
* [JOE *(off)* Okay, Leute, so sieht unser Plan aus.]

SCHNITT AUF:

** [JOE Ich mache weiter, wann ich es für richtig halte. Ich hoffe, daß ihr das endlich verstanden habt. Ihr zwingt mich, so viel zu sprechen, daß ich kaum noch reden kann. Laßt uns an die Arbeit gehen.
Joe dreht sich zur Tafel um.]

---

*   Aus dem Film herausgeschnitten.
** Während der Aufnahmen hinzugefügt.

*[AUSSEN. TAG. ZUSCHAUERPLÄTZE.

Freddy und Holdaway sitzen auf den Zuschauerplätzen in einem verlassenen Baseballstadion.

HOLDAWAY Okay, wir postieren unsere Männer gegenüber vom Juwelierladen. Aber sie greifen nur ein, wenn der Überfall außer Kontrolle gerät. Du mußt dafür sorgen, daß das nicht passiert. Du bist da drin, um aufzupassen, daß alles nach Hoyles Plan läuft. Wir haben auch noch Männer eine Straße vom Lagerhaus entfernt postiert. Sie haben es von außen total im Blick. Wir sehen also, wenn Joe Cabot kommt.
FREDDY Und wieviel habt ihr von innen im Blick?
HOLDAWAY Keinen Staubkorn können wir da drinnen sehen. Und wir können's nicht riskieren, näher ranzugehen. Sie könnten uns entdecken.
FREDDY Das ist doch Schwachsinn. Ich krieg nur das Risiko eurer Beschattung mit, aber überhaupt keine Sicherheit.
HOLDAWAY Was ist los, Newendyke? Ist dir der Job zu brenzlig? Dir hat keiner was vorgemacht. Du hast immer gewußt, daß wir so lange warten, bis Joe Cabot da ist.
FREDDY Na, klasse. Schutz habt ihr keinen für mich, aber arrogante Ratschläge.
HOLDAWAY Seit wann kriegt ein verdeckter Ermittler Schutz? Freddy, du bist da mit offenen Augen reingegangen, also spiel jetzt nicht den Betrogenen. Ich versteh ja, daß du nervös bist. Ich wünschte, das Lagerhaus hätte mehr einsehbare Fenster, hat es aber nicht. Wir müssen mit der Situation fertig werden, so, wie sie ist.
FREDDY Ich hab ja nicht gesagt, daß ich's nicht tue. Ich stelle bloß fest, wie beschissen die Situation ist.

* Aus dem Film herausgeschnitten.

HOLDAWAY Das sollte gar nicht so streng klingen, aber ein paar deutliche Worte helfen meist in so 'ner Situation. Wir müssen Joe Cabot mit den Dieben und der Beute zusammen fassen. Die anderen Kerle sind uns egal. Wir sind sogar bereit, ihnen gute Bedingungen anzubieten, wenn sie gegen Cabot aussagen.
FREDDY Ist das nicht ein etwas ungewöhnliches Risiko?
HOLDAWAY Was?
FREDDY Den Überfall abzuwarten?
HOLDAWAY Der Sinn dieser Unternehmung ist, Joe Cabot auf frischer Tat zu ertappen. Wenn wir die Handlanger hochnehmen, nützt uns das verdammt wenig. Natürlich ist es ein Risiko, den Überfall laufen zu lassen, aber Cabot arbeitet sauber. Wir haben Leute rund ums Gelände. Wir haben einen Typen und 'n Mädel im Laden, die so tun, als würden sie Ringe aussuchen. Wir könnten die Verkäufer durch Polizisten ersetzen, aber dann kann es sein, daß wir auffliegen.
FREDDY Ausgeschlossen. Die kennen die Gesichter von allen Verkäufern und wissen, wer wann arbeitet.
HOLDAWAY Das sind Profis. Wir sind Profis. Es ist ein Risiko, aber ein kalkulierbares, glaube ich.]

AUSSEN. TAG. KARINA'S JUWELIERLADEN.

Aufnahmen vom Juwelierladen, ohne Ton.
Kunden kommen und gehen. Durchs Fenster sehen wir, wie sie von den Angestellten bedient werden.
Währenddessen hören wir vom Soundtrack die Stimmen von Mr Orange und Mr White.

MR WHITE *(Off-Text)* Gehen wir's noch mal durch. Wo stehst du?
MR ORANGE *(Off-Text)* Ich stehe draußen und bewache die Tür. Ich lasse niemanden rein oder raus.

MR WHITE *(Off-Text)* Und wo ist Mr Brown?

MR ORANGE *(Off-Text)* Mr Brown wartet im Wagen, der auf der anderen Straßenseite parkt. Und wenn ich ihm das Zeichen gebe, fährt er ihn vor den Laden.

MR WHITE *(Off-Text)* Und Mr Blonde und Mr Blue?

MR ORANGE *(Off-Text)* Die halten die Kunden und die Angestellten in Schach.

MR WHITE *(Off-Text)* Und was ist mit dem Arsch dieses Mädchens?

MR ORANGE *(Off-Text)* Die sitzt damit direkt auf meinem Schoß.

INNEN. TAG. MR WHITES AUTO. STEHT.

Mr White und Freddy sitzen in einem geparkten Wagen auf der gegenüberliegenden Seite vom Juwelierladen und gehen den Plan durch.

MR WHITE Was ist mit mir und Mr Pink?

MR ORANGE Ihr zwei geht mit dem Manager nach hinten, um die Diamanten zu holen. Wir sind nur wegen dieser Steine in dem Laden. Da wir nicht irgendwelche Schaukästen zertrümmern müssen, wird auch kein Alarm losgehen. Wir sind da nur zwei Minuten drin und keine Sekunde länger. Was passiert, wenn euch der Manager die Steine nicht geben will?

MR WHITE Wenn du es mit einem solchen Laden zu tun hast, dann sind die sehr gut versichert. Keiner erwartet von denen, daß sie Widerstand leisten. Wenn du an einen Kunden gerätst oder an einen Angestellten, der sich für Charles Bronson hält, dann schlägst du ihn mit dem Kolben deiner Waffe die Nase ein. Das schmeißt den natürlich um. Alle Leute bekommen Angst, er fällt schreiend um, und das Blut spritzt aus seiner Nase. Das sorgt für Ruhe, danach traut sich niemand mehr, was zu sagen. Vielleicht will dich ja auch so 'ne Braut vollquatschen. Die mußt du dann ansehen, als würdest du ihr gleich die Fresse einhauen. Dann wird die ganz schnell stumm. Also, bei dem Geschäftsführer läuft das 'n bißchen anders. Geschäftsführer sind normalerweise vernünftig. Aber wenn dir mal einer Widerstand leistet, dann glaubt der wahrscheinlich, er sei 'n Cowboy, und du mußt seinen Widerstand brechen. Wenn du was wissen willst und er nicht antwortet, dann schneid ihm einen Finger ab. Den kleinen Finger. Und sag ihm, der Daumen wäre der nächste. Dann verrät er dir sogar, daß er Damenunterwäsche trägt. Ich hab Hunger, gehen wir was essen.

SCHNITT AUF:
AUSSEN. TAG. GASSE.

Der Augenblick des Überfalls. Die Gasse ist leer.
Weiter entfernt ist die Hölle los. Revolverschüsse, Rufe und Geschrei, Sirenengeheul, zersplitterndes Glas ...
Ein Wagen kommt um die Ecke in die Gasse gefegt.
Die Tür fliegt auf, Freddy und Mr White springen raus.
Freddy öffnet die Fahrertür. Ein blutender, schreiender Mr Brown fällt raus.

MR BROWN *(schreit)* Herrgott. Ich kann nichts mehr sehen. Ich bin blind.
FREDDY Du bist nicht blind, das ist nur das Blut in deinen Augen, klar?
Mr White lädt seine beiden .45er. Er rennt ans Ende der Gasse, in dem Moment kommt ein Streifenwagen auf ihn zu.
Mit beiden Revolvern gleichzeitig mäht Mr White alle in dem Streifenwagen nieder.
Freddy hält den sterbenden Mr Brown in den Armen und sieht schockiert Mr Whites Geballer mit an.

Mr White: «Du mußt sie nur ansehen, als würdest du ihnen gleich die Fresse einhauen.»

Mr Brown (Quentin Tarantino): «Herrgott, ich bin blind!»

Mr Brown hebt den Kopf, in seinen Augen ist Blut.
MR BROWN Mr Orange? Du bist doch Mr Orange, oder?
Als Freddy sich ihm wieder zuwendet, ist Mr Brown tot.
Mr White läuft zu Freddy hinüber.
MR WHITE Ist er tot?
Freddy antwortet nicht, er kann nicht.
Ich hab dich was gefragt!
FREDDY *(ängstlich)* Es tut mir leid.
MR WHITE Gehen wir.
Mr White krallt Freddy am Mantel und zerrt ihn mit sich, während er läuft.
Sie gehen aus der Gasse und flüchten die Straße hinunter.
Ein Auto mit einer Fahrerin kommt den beiden Männer entgegen.
Mr White versperrt ihr den Weg, hält das Auto an. Er richtet seine Waffe auf sie.
MR WHITE Anhalten, anhalten, sofort anhalten.
Freddy geht auf die Fahrerseite.
Die Fahrerin holt einen Revolver aus dem Handschuhfach.
MR WHITE Los, raus aus der Karre.
Sie schießt Freddy in den Bauch.
Instinktiv hebt Freddy seinen Revolver und schießt ihr ins Gesicht.

GROSSAUFNAHME – FREDDY

während er auf den Boden fällt und merkt, was er getan hat und was mit ihm geschehen ist.
Mr White zerrt die Fahrerin aus dem Wagen. Er bugsiert Freddy auf die Rückbank und fährt weg.

INNEN. TAG. FAHRENDES FLUCHTAUTO.

Freddy hält sich den Bauch, krümmt sich vor Schmerz und heult. Wir wiederholen die Szene zwischen Freddy und Mr White im Fluchtauto. Aber diesmal bleiben wir auf Freddy.

MR WHITE *(off)* Durchhalten, Kumpel.
FREDDY Es tut mir leid, tut mir schrecklich leid, Larry. Ich fürchte, sie hat mich umgelegt. Wer zum Teufel hätte das gedacht?
MR WHITE He, hör sofort auf mit dem Scheiß. Du bist verletzt. Du bist sehr schlimm verletzt, aber du wirst nicht sterben.
FREDDY Also, ich hab eine Scheißangst vor dem Tod. Ich werde verrecken, das weiß ich.

SCHNITT VON FREDDY AUF DEM RÜCKSITZ ZU:
*[INNEN. TAG. FAHRENDES AUTO VOM NETTEN EDDIE.

Mr Pink sitzt am Steuer, der nette Eddie auf dem Beifahrersitz inspiziert die Tasche mit den Diamanten. Mr White sitzt hinten. Das Auto rast zurück zum Lagerhaus.

EDDIE *(wühlt in der Tasche)* Wißt ihr, alles in allem war es ja ganz erfolgreich.
MR WHITE Das kann doch nicht wahr sein, daß du so was sagst.
EDDIE Ja. Es war 'ne ziemliche Schweinerei, aber ist dir klar, wieviel wir dabei eingesackt haben?
MR PINK Hör dir das an.
EDDIE He, geschehen ist geschehen. Wir können alle rumsitzen und uns die Augen ausheulen, oder wir kümmern uns jetzt um das Dringendste.
MR WHITE Das Dringendste ist nicht diese Scheißtasche. Du und Joe, ihr seid für eure Männer verantwortlich.
EDDIE He, mehr konnte ich nicht tun.
MR WHITE Der Mann stirbt, verdammt noch mal.
EDDIE Ich hab dir doch gesagt, Bonnie kriegt das wieder hin.

---

* Aus dem Film herausgeschnitten.

MR WHITE Er braucht einen Arzt, keine Krankenschwester.

EDDIE Willst du wissen, wie viele Ärzte ich angerufen habe? Willst du's wirklich wissen?

MR WHITE Scheinbar nicht genug.

EDDIE Halt's Maul! Wenn du dein schlaues Büchlein dabei hast, hol's raus, ansonsten hör mir zu: Ich habe drei Ärzte angerufen und keinen dieser Scheißkerle erreicht. Und weil die Zeit drängt, habe ich Bonnie angerufen. Klasseweib und Krankenschwester. Hab ihr irgendeinen Mist erzählt; wir sollen ihn zu ihr nach Hause bringen.

MR WHITE Wenn er stirbt, mach ich dich persönlich dafür verantwortlich.

EDDIE Also gut. Wenn das so ist. Ich hab mich da persönlich reingehängt, in diese Bonnie-Geschichte. Ich glaube nicht, daß sie die Bullen ruft, aber genau weiß ich es auch nicht. Aber ich Idiot war bereit, das zu riskieren. Und jetzt reicht's mir.

Er greift zum Telefon.

Ich ruf Bonnie noch mal an und sag ihr, sie soll die ganze Sache vergessen. Wenn du dich so gut auskennst, kannst du dich ja selber um deinen Freund kümmern.

MR PINK Verdammt noch mal, macht doch nicht so 'n Scheiß!

EDDIE Ich mach keinen Scheiß, mein Freund. Ich nehm die Situation in die Hand. Und ich bin hier der einzige.

MR WHITE Und ich glaube, daß du überhaupt keinen angerufen hast außer irgendeiner Nutte, die du mal gefickt hast, die zufällig Gesundheitsschuhe trug. Und das reicht nicht für einen Mann, der 'n Bauchschuß abgekriegt hat.

EDDIE Und mich interessiert's einen Scheißdreck, was du glaubst!

MR PINK *(zu Mr White)* Hör zu, er sagt ja nicht, daß dieses Flittchen ihn operiert. Sie kann einfach mehr für ihn tun als wir, bis wir einen Arzt für ihn holen können. Niemand hat das mit dem Arzt vergessen. Joe kann im Handumdrehen einen besorgen. Das hier ist nur für die Zwischenzeit. Ich finde, ihr benehmt euch beide wie Arschlöcher.

EDDIE Na prima. Ich besorg 'ne Krankenschwester, häng mich da voll rein, und ich bin ein Arschloch.]

INNEN. TAG. LAGERHAUS.

Halbtotale der Tür. Der nette Eddie, Mr White und Mr Pink kommen durch die Tür. Sie bleiben wie erstarrt stehen.
Wir sehen, was sie sehen. Mr Blonde am Boden, von Kugeln durchlöchert. Der Polizist auf dem Stuhl zusammengesackt, ein blutiger Haufen. Mr Orange zu Füßen des Polizisten, hält sich den Bauch. Eddie, Mr White und Mr Pink gehen in die Einstellung rein.

EDDIE Was zum Teufel ist hier passiert?
Eddie läuft zu seinem Freund Mr Blonde/Vic hinüber.
MR WHITE *(zu Mr Orange)* Was ist passiert?
MR ORANGE *(sehr schwach)* Er hat dem Bullen das Gesicht zerschlitzt, ihm sein Ohr abgeschnitten und wollte ihn lebendig verbrennen.
EDDIE *(schreit)* Was? Ich hab dich nicht ganz verstanden.
MR ORANGE Ich hab gesagt, Blonde ist durchgedreht. Er hat dem Bullen das Gesicht aufgeschlitzt, ihm sein Ohr abgeschnitten und wollte ihn lebendig verbrennen.
EDDIE Diesen Bullen?
Eddie schnappt seinen Revolver und erschießt den Polizisten, der mitsamt dem Stuhl nach hinten umkippt. Eddie steht über ihm und schießt noch einmal.
EDDIE Er ist durchgedreht? So in etwa? Oder noch schlimmer?
MR ORANGE Eddie, der wollte uns alle aufs Kreuz legen. Zuerst wollte er den Bullen und mich umbringen. Wenn ihr zur Tür reingekommen wärt, hätte er euch umgebracht und wär mit den Diamanten abgehauen.

MR WHITE Na, was habe ich dir gesagt? Dieses kranke Stück Scheiße war ein eiskalter Psychopath.

MR ORANGE Du hättest den Bullen fragen können, wenn du ihn nicht umgelegt hättest. Blonde hat darüber geredet, was er vorhatte, als er ihn aufgeschlitzt hat.

EDDIE Das kaufe ich dir nicht ab. Das ergibt keinen Sinn.

MR WHITE Also, für mich ergibt das schon einen Sinn. Du warst bei dem Überfall nicht dabei und hast nicht gesehen, wie er sich verhalten hat, aber wir schon.

Mr Pink geht zu dem toten Polizisten hinüber.

MR PINK Er hat recht mit dem Ohr, es ist abgeschnitten.

EDDIE *(zu Mr Orange)* Na schön, dann laßt mich das noch mal wiederholen. Damit ich das auch richtig kapiere. Du sagtest, daß Mr Blonde euch umbringen wollte, und wenn wir zurückgekommen wären, wollte er uns auch töten, sich die Tasche mit den Diamanten greifen und abhauen, so etwa hab ich dich verstanden, das ist doch richtig, ist das deine Geschichte?

MR ORANGE Ich schwöre bei meiner Mutter, daß es sich genauso abgespielt hat.

Die Kamera holt den netten Eddie zu einer Großaufnahme heran. Ein langes Schweigen, während er überdenkt, was Mr Orange gesagt hat. Dann:

*[EDDIE Du bist ein verdammter Lügner. Vergiß das Märchen und erzähl mir, was wirklich passiert ist.

MR WHITE *(off)* Er hat dir erzählt, was wirklich passiert ist. Du willst es bloß nicht glauben.

MR ORANGE *(off)* Okay, hast recht, ich hab gelogen. Obwohl ich im Sterben liege, kann ich immer noch ein krummes Ding drehen. Blonde loswerden, seinen Anteil aufteilen – nein, streich das, ich hab ihn erschossen, weil ich seine Frisur nicht mochte. Seine Schuhe auch nicht. Wenn's nur die

---

* Aus dem Film herausgeschnitten.

Frisur gewesen wäre, hätte ich ihn vielleicht – vielleicht, sage ich – am Leben gelassen. Aber Frisur und Schuhe, das war zuviel.]

EDDIE Der Mann, den du getötet hast, kam gerade aus dem Gefängnis. Die hatten ihn in einem Lagerhaus voller heißer Ware geschnappt. Er hätte sich rauswinden können. Er hätte nur den Namen meines Vaters nennen müssen, aber er wußte, daß man das Maul hält. Er hat seine Strafe abgesessen und es ertragen. Er war unseretwegen vier Jahre drin. Also, Mr Orange, du willst mir erzählen, daß dieser Freund von mir, der vier Jahre für meinen Vater saß, der in vier Jahren nie auf einen Kuhhandel einging, den sie ihm vorgeschlagen haben, du willst mir also sagen, daß jetzt, wo dieser Mann frei ist und wir unserer Verpflichtung ihm gegenüber nachkommen, daß er sich aus einer Laune heraus entschließt, so ganz aus heiterem Himmel uns alle zu bescheißen?

Schweigen.

Wieso erzählst du mir nicht, was wirklich passiert ist?

STIMME Wozu soll das gut sein? Da würden wir nur noch mehr Lügen hören.

Eddie verläßt die Großaufnahme, und wir sehen Joe Cabot in der Tür zur Lagerhalle stehen. Er betritt den Raum.

JOE *(zeigt auf Mr Orange)* Dieser Kerl hat uns verpfiffen.

Kamera umrundet die Männer.

EDDIE Daddy, es tut mir leid, aber ich habe keine Ahnung, was hier gespielt wird.

JOE Das macht nichts, Eddie, ich schon.

MR WHITE Wovon zum Teufel redest du überhaupt?

JOE *(zeigt auf Mr Orange)* Dieses Stück Scheiße arbeitet für das Los Angeles Police Department.

POV – MR ORANGE

schaut vom Boden zu den anderen hoch.
Joe blickt auf Mr Orange hinab.

JOE Und, stimmt's etwa nicht?

MR ORANGE *(off)* Leider habe ich nicht den leisesten Furz einer Idee, wovon du da überhaupt redest.

MR WHITE *(ganz behutsam zu Joe)* Joe, Joe, ich habe keine Ahnung, was du zu wissen glaubst. Aber du irrst dich.

JOE Das ist kein Irrtum.

MR WHITE Joe, du mußt mir vertrauen. Du machst einen Fehler. Er ist ein guter Junge, ich verstehe ja, daß du unheimlich sauer bist. Wir sind alle sehr aufgeregt. Aber du bist auf den falschen Mann sauer. Ich kenn ihn ganz genau, so was würde er nicht tun.

JOE Du hast doch überhaupt keine Ahnung. Ich schon. Dieser Dreckskerl hat uns an die Bullen verpfiffen und ist schuld an Mr Browns und Mr Blues Tod.

MR PINK Mr Blue ist tot?

JOE Genauso tot wie meine Oma.

MR WHITE Woher weißt du das alles?

JOE Er ist der einzige, bei dem ich mir nicht sicher war. Ich hätte mich nie darauf einlassen dürfen, ihn in diese Sache einzuweihen.

MR WHITE *(schreit)* Ist das dein Beweis?

JOE Ich brauch keine Beweise, ich hab 'ne Nase dafür. Leider habe ich die vorher ignoriert, aber damit ist Schluß.

Er zieht seinen Revolver und richtet ihn auf Mr Orange.
Mr White richtet seine .45er auf Joe.
Eddie und Mr Pink erwachen aus ihrer Erstarrung.
Eddie zückt seinen Revolver, hält ihn auf Mr White.

EDDIE Hast du etwa den Verstand verloren?

Mr Pink zieht sich in den Hintergrund zurück, hält sich raus.

«Laßt uns diese Sache in einem vernünftigen Gespräch klären.»

MR WHITE   Joe, du machst einen furchtbaren Fehler, und das werde ich verhindern.
EDDIE   *(zu Mr White)* Nimm deine Scheißknarre runter!

HALBTOTALE VON JEDEM EINZELNEN.

Mr Orange, am Boden, hält sich den Bauch, guckt von links nach rechts.
Joe hält die Waffe auf Mr Orange. Wendet seinen Blick nicht ab.
Mr White hat die Waffe auf Joe gerichtet, sieht aus, als würde er jeden Moment feuern.
Eddie hat panische Angst um seinen Vater, hält seine Waffe auf Mr White.
Mr Pink läuft rückwärts, weg vom Geschehen.
Keiner sagt etwas.

VIER EINSTELLUNGEN

von Männern, die zu allem bereit sind. Mr Pink im Hintergrund.

MR PINK Kommt schon, Leute, das will doch wohl keiner von euch. Wir wollen uns doch weiterhin wie Profis verhalten.

EDDIE Larry, hör zu, wir kennen uns doch schon ewig und haben 'ne Menge Dinger zusammen gedreht. Das hier ist völlig überflüssig. Laß uns doch die Waffen runternehmen und diese Sache in einem vernünftigen Gespräch klären.

Joe hebt den Kopf, schaut Mr White an.

JOE Larry, ich leg ihn um.

MR WHITE Joe, wenn du ihn umbringst, stirbst du als nächster. Ich wiederhole noch mal, wenn du ihn umbringst, stirbst du als nächster.

EDDIE Larry, wir sind Freunde gewesen, und wir haben uns respektiert, aber ich werde dir 'n paar Kugeln ins Herz jagen, wenn du nicht auf der Stelle die Scheißknarre da runternimmst.

MR WHITE Verdammt noch mal, Joe, zwing mich nicht, das zu tun.

EDDIE Larry, hör endlich auf damit, deine Scheißknarre auf meinen Dad zu richten.

Joe schießt dreimal, trifft mit jedem Schuß Mr Orange.
Mr White schießt Joe zweimal ins Gesicht. Joe hält die Hände vors Gesicht, schreit, fällt zu Boden.
Eddie feuert auf Mr White, trifft ihn dreimal in die Brust.
Mr White wendet sich zu Eddie um und schießt auf ihn.
Beide Männer fallen auf die Knie, feuern aufeinander.
Eddie bricht tot zusammen.
Joe ist tot.
Mr Orange liegt reglos, nur seine Brust bewegt sich. Das einzige Geräusch, das wir hören, ist sein lauter Atem.

Mr White ist von Kugeln durchsiebt, aber immer noch auf den Knien. Er bewegt sich nicht.

Mr Pink steht reglos da. Schließlich schnappt er sich die Tasche mit den Diamanten und rennt zur Tür.

*[Wir hören draußen einen Wagen anspringen. Dann einen Polizeilautsprecher:

POLIZEI *(off)* Stehenbleiben! Raus aus dem Wagen und auf den Boden, Gesicht nach unten!

MR PINK *(off)* Nicht schießen!]

Jetzt hören wir Polizeisirenen, Autos, die angefahren kommen, Männer, die auf das Lagerhaus zurennen.

Während draußen der Krach weitergeht, versucht Mr White aufzustehen, fällt jedoch hin. Irgendwie schafft er es zu Mr Orange hinüber.

Er hebt Mr Oranges Kopf, legt ihn in seinen Schoß und streicht ihm über die Stirn.

MR WHITE *(mit großer Anstrengung)* Tut mir leid für dich. Sieht so aus, als müßten wir für 'ne Weile in den, in den Knast.

Mr Orange schaut zu ihm hoch, und mit noch größerer Anstrengung sagt er:

MR ORANGE   Ich bin ein Bulle.

Mr White sagt nichts, streicht Orange weiter über die Stirn.

MR ORANGE   Larry! Es tut mir so leid, tut mir so so leid. Ich bin ein Bulle. Tut mir leid, tut mir leid. Es tut mir leid, Larry. Es tut mir sehr leid, Larry.

Mr White nimmt die .45er und setzt sie Mr Orange zwischen die Augen. Die Kamera holt Mr White zu einer extremen Großaufnahme heran.

Der Krach von draußen schwappt nach innen. Wir sehen nichts, hören aber, wie Gewehrhähne gespannt werden.

ERSTER POLIZIST *(off)* Keine Bewegung.

ZWEITER POLIZIST *(off)* Laß sofort die Waffe fallen, Mann.

---

* Aus dem Film herausgeschnitten.

Mr Orange, Mr White: «Ich bin ein Bulle.»

ERSTER POLIZIST   *(off)* Nimm die Waffe runter.
ZWEITER POLIZIST   *(off)* Laß es sein.
DRITTER POLIZIST   *(off)* Laß die Waffe fallen, Mann, tu es nicht.
Mr White sieht sie an, lächelt, drückt ab.

PENG.

Wir hören Gewehrsalven.
Mr White wird aus dem Bild gepustet, bis es leer ist.

Reservoir Dogs

(Originalscript)
Quentin Tarantino

RESERVOIR DOGS was first shown at the 1992 Cannes Film Festival.

THE CAST INCLUDES

MR WHITE (LARRY)	Harvey Keitel
MR ORANGE (FREDDY)	Tim Roth
MR BLONDE (VIC)	Michael Madsen
NICE GUY EDDIE	Chris Penn
MR PINK	Steve Buscemi
JOE CABOT	Lawrence Tierney
HOLDAWAY	Randy Brooks
MARVIN NASH	Kirk Baltz
MR BLUE	Eddie Bunker
MR BROWN	Quentin Tarantino
TEDDY	Michael Sottile
SHOT COP	Robert Ruth
YOUNG COP	Lawrence Bender
Casting by	Ronnie Yeskel
Music Supervisor	Karyn Rachtman
Costume Designer	Betsy Heimann
Production Designer	David Wasco
Editor	Sally Menks
Director of Photography	Andrzej Sekula
Executive Producers	Richard N. Gladstein
	Ronna B. Wallace
	Monte Hellman
Co-Producer	Harvey Keitel
Producer	Lawrence Bender
Written and Directed by	Quentin Tarantino

INT. UNCLE BOB'S PANCAKE HOUSE – MORNING

Eight men dressed in black suits, sit around a table at a breakfast café. They are Mr White, Mr Pink, Mr Blue, Mr Blonde, Mr Orange, Mr Brown, Nice Guy Eddie Cabot, and the big boss, Joe Cabot. Most are finished eating and are enjoying coffee and conversation. Joe flips through a small address book. Mr Brown is telling a long and involved story about Madonna.

MR BROWN ‹Lika a Virgin› is all about a girl who digs a guy with a big dick. The whole song is a metaphor for big dicks.

MR BLONDE No, it's not. It's about a girl who is very vulnerable and she's been fucked over a few times. Then she meets some guy who's really sensitive –

MR BROWN – Whoa... whoa... time out, Greenbay. Tell that bullshit to the tourists.

JOE *(looking through his address book)* Toby ... who the fuck is Toby? Toby ... Toby ... think ... think ... think ...

MR BROWN It's not about a nice girl who meets a sensitive boy. Now granted that's what ‹True Blue› is about, no argument about that.

MR ORANGE Which one is ‹True Blue›?

NICE GUY EDDIE You don't remember ‹True Blue›? That was a big ass hit for Madonna. Shit, I don't even follow this Tops in Pops shit, and I've at least heard of ‹True Blue›.

MR ORANGE Look, asshole, I didn't say I ain't heard of it. All I asked was how does it go? Excuse me for not being the world's biggest Madonna fan.

MR WHITE I hate Madonna.

MR BLUE I like her early stuff. You know, ‹Lucky Star›, ‹Borderline› – but once she got into her ‹Papa Don't Preach› phase, I don't know, I tuned out.

MR BROWN Hey, fuck all that, I'm making a point here. You're gonna make me lose my train of thought.

JOE Oh fuck, Toby's that little china girl.

MR WHITE What's that?

JOE I found this old address book in a jacket I ain't worn in a coon's age. Toby what? What the fuck was her last name?

MR BROWN Where was I?

MR PINK You said ‹True Blue› was about a nice girl who finds a sensitive fella. But ‹Like a Virgin› was a methapor for big dicks.

MR BROWN Let me tell ya what ‹Like a Virgin›'s about. It's about some cooze who's a regular fuck machine. I mean all the time, morning, day, night, afternoon, dick, dick, dick, dick, dick, dick, dick, dick, dick, dick, dick.

MR BLUE How many dicks was that?

MR PINK A lot.

MR BROWN Then one day she meet a John Holmes motherfucker, and it's like, whoa baby. This mother fucker's like Charles Bronson in ‹The Great Escape›. He's diggin' tunnels. Now she's gettin' this serious dick action, she's feelin' something she ain't felt since forever. Pain.

JOE Chew? Toby Chew? No.

MR BROWN It hurts. It hurts her. It shouldn't hurt. Her pussy should be Bubble-Yum by now. But when this cat fucks her, it hurts. It hurts like the first time. The pain is reminding a fuck machine what it was like to be a virgin. Hence, ‹Like a Virgin›. *The fellas crack up.*

JOE Wong?

MR BROWN Fuck you, wrong. I'm right! What the fuck do you know about it anyway? Your're still listening to Jerry-fucking-Vale records.

JOE Not wrong, dumb ass, Wong! You know, like the Chinese name?

Mr. White snatches the address book from Joe's hand. They fight, but they're not really mad at each other.

MR WHITE Give me this fuckin' thing.

JOE What the fuck do you think you're doin'? Give me my book back!

MR WHITE I'm sick of fuckin' hearin' it; Joe, I'll give it back when we leave.

JOE Whaddaya mean, give it to me when we leave, give it back now.

MR WHITE For the past fifteen minutes now, you've just been droning on with names. ‹Toby ... Toby ... Toby ... Toby Wong ... Toby Wong ... Toby Chung ... fuckin' Charlie Chan.› I got Madonna's big dick outta my right ear, and Toby Jap I-don't-know-what, outta my left.

JOE What do you care?

MR WHITE When you're as annoying as hell, I care a lot.

JOE Give me my book.

MR WHITE You gonna put it away?

JOE I'm gonna do whatever I wanna do with it.

MR WHITE Well, then, I'm afraid I'm gonna have to keep it.

MR BLONDE Joe, you want me to shoot him for you?

MR WHITE Shit, you shoot me in a dream, you better wake up and apologize.

NICE GUY EDDIE Have you guys been listening to K-Billy's super sounds of the seventies weekend?

MR PINK Yeah, it's fuckin' great, isn't it?

NICE GUY EDDIE Can you believe the songs they been playin'?

MR PINK You know what I heard the other day? ‹Heartbeat – It's Lovebeat› by little Tony DeFranco and the DeFranco Family. I haven't heard that since I was in fifth fuckin' grade.

NICE GUY EDDIE When I was coming down here, I was playin' it. And ‹The Night the Lights Went Out in Georgia› came on. Now I ain't heard that song since it was big, but when it was big I heard it a milliontrillion times. I'm listening to it this morning, and this was the first time I ever realized that the lady singing the song, was the one who killed Andy.

MR BROWN You didn't know Vicki Lawrence killed the guy?

NICE GUY EDDIE I thought the cheatin' wife shot Andy.

MR BLONDE They say it in the song.

NICE GUY EDDIE I know, I heard it. I musta zoned out whenever that part came on before. I thought when she said that little sister stuff, she was talkin' about her sister-in-law, the cheatin' wife.

JOE No, she did it. She killed the cheatin' wife, too.

MR WHITE Who gives a damn?

The table laughs. The Waitress comes over to the table. She has the check, and a pot of coffee.

WAITRESS Can I get anybody more coffee?

JOE No, we're gonna be hittin' it. I'll take care of the check.

She hands the bill do him.

WAITRESS Here ya go. Please pay at the register, if you wouldn't mind.

JOE Sure thing.

WAITRESS You guys have a wonderful day.

They all mutter equivalents. She exits and Joe stands up.

JOE I'll take care of this, you guys leave the tip. *(to Mr White)* And when I come back, I want my book back.

MR WHITE Sorry, it's my book now.

JOE Blue, shoot this piece of shit, will ya?

Mr Blue shoots Mr White with his finger. Mr White acts shot. Joe exits.

NICE GUY EDDIE Okay, everybody cough up green for the little lady.

Everybody whips out a buck, and throws it on the table. Everybody, that is, except Mr Pink.

C'mon, throw in a buck.

MR PINK Uh-uh. I don't tip.

NICE GUY EDDIE Whaddaya mean, you don't tip?

MR PINK I don't believe in it.

NICE GUY EDDIE You don't believe in tipping?

MR BROWN *(laughing)* I love this guy, he's a madman, this guy.

MR BLONDE Do you have any idea what these ladies make? They make shit.

MR PINK Don't give me that. She don't make enough money, she can quit.

Everybody laughs.

NICE GUY EDDIE I don't even know a Jew who'd have the balls to say that. So let's get this straight. You never ever tip?

MR PINK I don't tip because society says I gotta. I tip when somebody deserves a tip. When somebody really puts forth an effort, they deserve a little something extra. But this tipping automatically, that shit's for the birds. As far as I'm concerned, they're just doin' their job.

MR BLUE Our girl was nice.

MR PINK Our girl was okay. She didn't do anything special.

MR BLUE What's something special, take ya in the kitchen and suck your dick?

They all laugh.

NICE GUY EDDIE I'd go over twelve percent for that.

MR PINK Look, I ordered coffee. Now we've been here a long fuckin' time, and she's only filled my cup three times. When I order coffee, I want it filled six times.

MR BLONDE What if it's too busy?

MR PINK The words ‹too busy› shouldn't be in a waitress's vocabulary.

NICE GUY EDDIE Excuse me, Mr Pink, but the last thing you need is another cup of coffee.

They all laugh.

MR PINK These ladies aren't starvin' to death. They make minimum wage. When I worked for minimum wage, I wasn't lucky enough to have a job that society deemed tipworthy.

NICE GUY EDDIE Ahh, now we're getting down to it. It's not just that he's a cheap bastard –

MR ORANGE — It is that too —

NICE GUY EDDIE — It is that too. But it's also he couldn't get a waiter job. You talk like a pissed-off dishwasher: ‹Fuck those cunts and their fucking tips.›

MR BLONDE So you don't care that they're counting on your tip to live?

Mr Pink rubs two of his fingers together.

MR PINK Do you know what this is? It's the world's smallest violin, playing just for the waitresses.

MR WHITE You don't have any idea what you're talking about. These people bust their ass. This is a hard job.

MR PINK So's working at McDonalds, but you don't feel the need to tip them. They're servin' ya food, you should tip 'em. But no, society says tip these guys over here, but not those guys over there. That's bullshit.

MR BLUE They work harder than the kids at McDonalds.

MR PINK Oh yeah, I don't see them cleaning fryers.

MR BLUE These ladies are taxed on the tips they make. When you stiff 'em, you cost them money.

MR WHITE Waitressing is the number on occupation for female non-college graduates in this country. It's the one job basically any woman can get, and make a living on. The reason is because of tips.

MR PINK Fuck all that.

They all laugh.

MR PINK Hey, I'm very sorry that the government taxes their tips. That's fucked up. But that ain't my fault. It would appear that waitresses are just one of the many groups the government fucks in the ass on a regular basis. You show me a paper says the government shouldn't do that, I'll sign it. Put it to a vote, I'll vote for it. But what I won't do is play ball. And this non-college bullshit you're telling me, I got two words for that: ‹Learn to fuckin' type.› 'Cause if you're expecting me to help out with the rent, you're in for a big fuckin' surprise.

MR ORANGE He's convinced me. Give me my dollar back.

Everybody laughs. Joe comes back to the table.

JOE Okay, ramblers, let's get to rambling. Wait a minute, who didn't throw in?

MR ORANGE Mr Pink.

JOE *(to Mr Orange)* Mr Pink? *(to Mr Pink)* Why?

MR ORANGE He don't tip.

JOE *(to Mr Orange)* He don't tip? *(to Mr Pink)* You don't tip? Why?

MR ORANGE He don't believe in it.

JOE *(to Mr Orange)* He don't believe in it? *(to Mr Pink)* You don't believe in it?

MR ORANGE Nope.

JOE *(to Mr Orange)* Shut up! *(to Mr Pink)* Cough up the buck, ya cheap bastard, I paid for your goddam breakfast.

MR PINK Because you paid for the breakfast, I'm gonna tip. Normally I wouldn't.

JOE Whatever. Just throw in your dollar, and let's move. *(to Mr White)* See what I'm dealing with here. Infants. I'm fuckin' dealin' with infants.

The eight men get up to leave. Mr White's waist is in the foreground. As he buttons his coat, for a second we see he's carrying a gun. They exit Uncle Bob's Pancake House, talking amongst themselves.

*[TITLE CARD:
‹ONE OF THESE MEN IS A COP.›

Then underneath it:

‹AND BY THE END, ALL BUT ONE WILL BE DEAD.›]

EXT. UNCLE BOB'S PANCAKE HOUSE – DAY
CREDIT SEQUENCE

When the credit sequence is finished, fade to black.
Over the black we hear the sound of someone screaming in agony.
Under the screaming, we hear the sound of a car hauling ass, through traffic.
Over the screams and the traffic noise, we hear somebody else say:

SOMEBODY ELSE *(off)* Just hold on buddy boy.

Somebody stops screaming long enough to say:

SOMEBODY *(off)* I'm sorry. I can't believe she killed me. Who would've fuckin' thought that?

CUT TO:
INT. GETAWAY CAR (MOVING) – DAY

The Somebody screaming is Mr Orange. He lies in the backseat. He's been shot in the stomach. Blood covers both him and the backseat.
Mr White is the Somebody Else. He's behind the wheel of the getaway car. He's easily doing 80 mph, dodging in and out of traffic. Though he's driving for his life, he keeps talking to his wounded passenger in the backseat.
They are the only two in the car.

---

* Cut from completed film.

MR WHITE Hey, just cancel that shit right now! You're hurt. You're hurt really fucking bad, but you ain't dying.

MR ORANGE *(crying)* All this blood is scaring the shit outta me. I'm gonna die, I know it.

MR WHITE Oh excuse me, I didn't realize you had a degree in medicine. Are you a doctor? Are you a doctor? Answer me please, are you a doctor?

MR ORANGE No, I'm not!

MR WHITE Ahhhh, so you admit you don't know what you're talking about. So if you're through giving me your amateur opinion, lie back and listen to the news. I'm taking you back to the rendezvous. Joe's gonna get you a doctor, the doctor's gonna fix you up, and you're gonna be okay. Now say it: you're gonna be okay. *Say it:* you're gonna be okay!

Mr Orange doesn't respond. Mr White starts pounding on the steering wheel.

MR WHITE Say-the-goddam-words: you're gonna be okay!

MR ORANGE I'm okay.

MR WHITE *(softly)* Correct.

INT. WAREHOUSE – DAY

The Camera does a 360 around an empty warehouse. Then the door swings open, and Mr White carries the bloody body of Mr Orange inside.
Mr Orange still is moaning loudly from his bullet hit.
Mr White lays him down upon a mattress on the floor.

MR WHITE Just hold on, buddy boy. Hold on, and wait for Joe. I can't do anything for you, but when Joe gets here, which should be any time now, he'll be able to help you. We're just gonna sit here, and wait for Joe. Who are we waiting for?

MR ORANGE Joe.

MR WHITE Bet your sweet ass we are.

MR ORANGE Larry, I'm so scared, would you please hold me.

Mr White very gently embraces the bloody Mr Orange. Cradling the young man, Mr White whispers to him.

MR WHITE *(whispering)* Go ahead and be scared, you've been brave enough for one day. I want you to just relax now. You're not gonna die, you're gonna be fine. When Joe gets here, he'll make ya a hundred percent again.

Mr White lays Mr Orange back down. He's still holding his hand. Mr Orange looks up at his friend.

MR ORANGE Look, I don't wanna be a fly in the ointment, but if help doesn't come soon, I gotta see a doctor. I don't give a fuck about jail, I just don't wanna die.

MR WHITE You're not gonna fucking die, all right?

MR ORANGE I wasn't born yesterday. I'm hurt, and I'm hurt bad.

MR WHITE It's not good ...

MR ORANGE Hey, bless your heart for what you're trying to do. I was panicking for a moment, but I've got my senses back now. The situation is, I'm shot in the belly. And without medical attention, I'm gonna die.

MR WHITE I can't take you to a hospital.

MR ORANGE Fuck jail! I don't give a shit about jail. But I can't die. You don't have to take me in. Just drive me up to the front, drop me on the sidewalk. I'll take care of myself. I won't tell them anything. I swear to fucking God, I won't tell 'em anything. Look in my eyes, look right in my eyes. *(Mr White does)* I-won't-tell-them-anything. You'll be safe.

MR WHITE Lie back down, and try to –

MR ORANGE I'm going to die! I need a doctor! I'm begging you, take me to a doctor.

MR WHITE Listen to me, kid. You ain't gonna die! Along with the kneecap, the gut is the most painful area a guy can get shot in.

MR ORANGE No shit.

MR WHITE But it takes a long time to die from it. I'm talkin' days. You'll wish you were dead, but it takes days to die from your wound. Time is on your side. When Joe gets here, he'll have a doctor patch you up in nothin' flat. You know how Joe operates. He's got MD's in his back pocket. Just bite the fuckin' bullet and wait for Joe to get here.

Mr Orange lays his head back. He quietly mutters to himself:

MR ORANGE Take me to a doctor, take me to a doctor, please.

Suddenly, the warehouse door bursts open and Mr Pink steps inside.

MR PINK Was that a fucking set-up or what?

Mr Pink sees Mr Orange on the floor, shot and bloody.

MR PINK Oh fuck, Orange got tagged.

Throughout this scene, we hear Mr Orange moaning.

MR WHITE Gut shot.

MR PINK   Oh that's just fucking great! Where's Brown?
MR WHITE   Dead.
MR PINK   Goddam, goddam! How did he die?
MR WHITE   How the fuck do you think? The cops shot him.
MR PINK   Oh this is bad, this is so bad. *(referring to Mr Orange)* Is it bad?
MR WHITE   As opposed to good?
MR PINK   This is so fucked up. Somebody fucked us big time.
MR WHITE   You really think we were set up?
MR PINK   You even doubt it? I don't think we got set up, I know we got set up! I mean really, seriously, where did all those cops come from, huh? One minute they're not there, the next minute they're there. I didn't hear any sirens. The alarm went off, okay. Okay, when an alarm goes off, you got an average of four minutes response time. Unless a petrol car is cruising that street, at that particular moment, you got four minutes before they can realistically respond. In one minute there were seventeen blue boys out there. All loaded for bear, all knowing exactly what the fuck they were doing, and they were all just there! Remember that second wave that showed up in the cars? Those were the one responding to the alarm, but those other motherfuckers were already there, they were waiting for us. *(pause)* You haven't thought about this?
MR WHITE   I haven't had a chance to think. First I was just trying to get the fuck outta there. And after we got away, I've just been dealin' with him.
MR PINK   Well, you better start thinking about it. 'Cause I, sure as fuck, am thinking about it. In fact, that's all I'm thinking about. I came this close to just driving off. Whoever set us up, knows about this place. There could've been cops sitting here waiting for me. For all we know, there's cops, driving fast, on their way here now.
MR WHITE   Let's go in the other room.

The camera creeps along a wall, coming to a corner. We move past it, and see down a hall.

INT. BATHROOM HALLWAY – DAY

At the end of the hall is a bathroom. The bathroom door is partially closed, restricting our view. Mr Pink is obscured, but Mr White is in view.

MR PINK *(off)* What the fuck am I doing here? I felt funny about this job right off. As soon as I felt it I should have said ‹No thank you›, and walked. But I never fucking listen. Every time I ever got burned buying weed, I always knew the guy wasn't right. I just felt it. But I wanted to believe him. If he's not lyin' to me, and it really is Thai stick, then whoa baby. But it's never Thai stick. And I always said if I felt that way about a job, I'd walk. And I did, and I didn't, because of fuckin' money!

MR WHITE What's done is done, I need you cool. Are you cool?

MR PINK I'm cool.

MR WHITE Splash some water on your face. Take a breather.
We hear the sink running, and Mr Pink splashing water on his face. He takes out his gun and lays it on the counter.
I'm gonna get me my smokes.
Mr White opens the bathroom door, walks down the hall, and out of frame. We see Mr Pink, his back turned towards us, bent over the sink. Then he grabs a towel, and dries his face. Mr White enters frame with a pack of Chesterfields in his hand.
Want a smoke?

MR PINK Why not?
The two men light up.

MR WHITE Okay, let's go through what happened. We're in the place, everything's going fine. Then the alarm gets

tripped. I turn around and all these cops are outside. You're right, it was like, bam! I blink my eyes and they're there. Everybody starts going apeshit. Then Mr Blonde starts shootin' all the –

MR PINK – That's not correct.

MR WHITE What's wrong with it?

MR PINK The cops didn't show up after the alarm went off. They didn't show till after Mr Blonde started shooting everyone.

MR WHITE As soon as I heard the alarm, I saw the cops.

MR PINK I'm telling ya, it wasn't that soon. They didn't let their presence be known until after Mr Blonde went off. I'm not sayin' they weren't there, I'm sayin' they were there. But they didn't move in till Mr Blonde became a madman. That's how I know we were set up. You can see that, can't you, Mr White?

MR WHITE   Look, enough of this ‹Mr White› shit –

MR PINK   – Don't tell me your name, I don't want to know! I sure as hell ain't gonna tell ya mine.

MR WHITE   You're right, this is bad. *(pause)* How did you get out?

MR PINK   Shot my way out. Everybody was shooting, so I just blasted my way outta there.

CUT TO:
EXT. CROWDED CITY STREET – DAY

Mr Pink is hauling ass down a busy city sidewalk. He has a canvas bag with a shoulder strap in one hand, and a .357 Magnum in the other. If any bystanders get in his way, he just knocks them down. We dolly at the same speed, right alongside of him.

Four Policemen are running after Mr Pink. Three are running together, and one fat one is lagging a few paces behind. We dolly with them.

In his mad dash Mr Pink runs into the street, and is hit by a moving car.

He's thrown up on the hood, cracking the windshield, and rolling off.

INT. CAR (STOPPED) – DAY

The camera is in the backseat. A shocked woman is the car's driver. Mr Pink pulls himself up from the hood, shakes himself off, and points his magnum at the driver.

MR PINK   Get outta the car! Get the fuck outta the car!
  The Shocked Woman starts screaming.
  Mr Pink tries to open the driver's side door, but it's locked.

MR PINK   Open the fucking door!

EXTREME CU – DRIVER'S SIDE WINDOW

Mr Pink smashes it in our face.

EXT. STREET – DAY

Dolly with Cops coming up fast.
Mr Pink drags the Shocked Woman out of the car.
The Cops reach the corner, guns aimed.
Using the car as a shield, Mr Pink fires three shots at the Cops.
Everybody hits the ground, or scatters.
Cops fire. Mr Pink unloads his gun.
Fat Cop is shot in his pot belly, falls back in the arms of a Young Cop. The Fat Cop screams in pain, the Young Cop screams in anguish. Mr Pink hops in the car. Cops fire.

INT. CAR (MOVING) – DAY

Camera in the backseat, Mr Pink floors it. Speeding down the street, with the Cops firing after him.

EXT. STREET – DAY

The Young Cop takes off running and firing after the getaway car. It's no use. Mr Pink leaves him in the dust.

BACK TO:
INT. BATHROOM – DAY

Mr Pink and Mr White still talking in the bathroom.

MR PINK   Tagged a couple of cops. Did you kill anybody?
MR WHITE   A few cops.
MR PINK   No real people?

MR WHITE   Uh-uh, just cops.

MR PINK   Could you believe Mr Blonde?

MR WHITE   That was one of the most insane fucking things I've ever seen. Why the fuck would Joe hire somebody like that?

MR PINK   I don't wanna kill anybody. But if I gotta get out that door, and you're standing in my way, one way or the other, you're gettin' outta my way.

MR WHITE   That's the way I look at it. A choice between doin' ten years, and takin' out some stupid motherfucker, ain't no choice at all. But I ain't no madman either. What the fuck was Joe thinkin'? You can't work with a guy like that. We're awful goddamn lucky he didn't tag us, when he shot up the place. I came this fucking close – *(holds up two fingers and makes a tiny space between them)* – to taking his ass out myself.

MR PINK   Everybody panics. When things get tense, everybody panics. Everybody. I don't care what your name is, you can't help it. It's human nature. But ya panic on the inside. Ya panic in your head. Ya give yourself a couple a seconds of panic, then you get a grip and deal with the situation. What you don't do, is shoot up the place and kill everybody.

MR WHITE   What you're supposed to do is act like a fuckin' professional. A psychopath is not a professional. You can't work with a psychopath, 'cause ya don't know what those sick assholes are gonna do next. I mean, Jesus Christ, how old do you think that black girl was? Twenty, maybe twenty-one?

MR PINK   Did ya see what happened to anybody else?

MR WHITE   Me and Mr Orange jumped in the car and Mr Brown floored it. After that, I don't know what went down.

MR PINK   At that point it became every man for himself. As far as Mr Blonde or Mr Blue are concerned, I ain't got the foggiest. Once I got out, I never looked back.

MR WHITE What do you think?

MR PINK What do I think? I think the cops caught them, or killed 'em.

MR WHITE Not even a chance they punched through? You found a hole.

MR PINK Yeah, and that was a fucking miracle. But if they did get away, where the fuck are they?

MR WHITE You don't think it's possible, one of them got a hold of the diamonds and pulled a –

MR PINK Nope.

MR WHITE How can you be so sure?

MR PINK I got the diamonds.

MR WHITE Where?

MR PINK I stashed 'em. You wanna go with me and get 'em? Sure, we can go right now, we can leave this second. I think we should have our fuckin' heads examined for waiting around here.

MR WHITE That was the plan, we meet here.

MR PINK Then where is everybody? I say the plan became null and void once we found out we got a rat in the house. We ain't got the slightest fuckin' idea what happened to Mr Blonde or Mr Blue. They could both be dead or arrested. They could be sweatin' 'em, down at the station house right now. Yeah they don't know our names, but they can sing about this place.

MR WHITE I swear to god I'm fuckin' jinxed.

MR PINK What?

MR WHITE Two jobs back, it was a four-man job, we discovered one of the team was an undercover cop.

MR PINK No shit?

MR WHITE Thank God, we discovered in time. We hadda forget the whole fuckin' thing. Just walked away from it.

MR PINK So who's the rat this time? Mr Blue? Mr Blonde? Joe? It's Joe's show, he set this whole thing up. Maybe he set it up to set it up.

MR WHITE I don't buy it. Me and Joe go back a long time. I can tell ya straight up, Joe definitely didn't have anything to do with this bullshit.

MR PINK Oh, you and Joe go back a long time. I known Joe since I was a kid. But me saying Joe definitely couldn't have done it is ridiculous. I can say I definitely didn't do it, 'cause I know what I did or didn't do. But I can't definitely say that about anybody else, 'cause I don't definitely know. For all I know, you're the rat.

MR WHITE For all I know, you're the rat.

MR PINK Now you're using your head. For all we know, he's the rat.

MR WHITE That kid in there is dying from a fuckin' bullet that I saw him take. So don't be calling him a rat.

MR PINK Look, asshole, I'm right! Somebody's a fuckin' rat. How many times do I hafta say it before it sinks in your skull.

The talking stops. The two men just stare at each other. Mr Pink breaks the silence.

MR PINK I gotta take a squint, where's the commode in this dungeon?

MR WHITE Go down the hall, turn left, up those stairs, then turn right.

Mr Pink exits frame, leaving Mr White alone.

CUT TO:
TITLE CARD:
‹MR WHITE›

EMPTY FRAME

In the background we see what looks like an office set up.

VOICE How's Alabama?

MR WHITE Alabama? I haven't seen Bama over a year and a half.

VOICE I thought you two were a team.

MR WHITE We were for a little while. Did about four jobs together. Then decided to call it quits. You push it long enough that woman man thing gets in your way after a while.

We now cut to see Joe behind his desk.

JOE What's she doin' now?

MR WHITE She hooked up with Fred McGar, they've done a coupla jobs together. Helluva woman. Good little thief. *[I heard tell you tied the knot with a gorgeous gal.

JOE *(laughs)* Tammy's a looker all right.

MR WHITE I heard she's from Arkansas.

JOE Tennessee. Knoxville, Tennessee. She used to be a regular on *Hee-Haw*. You know that country show with all those fuckin' hicks.

MR WHITE I know what *Hee-Haw* is. *(pause)* So why did ya marry her?

JOE I love her. Pretty silly, an old fart like me, huh?

MR WHITE It's kinda silly. It's kinda cute, too.

JOE You know what's really silly? She loves me back. I know you won't believe that, but I don't give a damn, because I know she does. You know what she's got me doin', Larry, readin' books. She'll read somethin', come to me and say, ‹Joe› – in that funny accent she has, sounds like Li'l Abner – ‹Joe, I just read this book and it's really good. And I want

---

* Cut from completed film.

you to read it, 'cause I want to talk with you about it.› And if I know what's good for me, I better read it. I'm turnin' into a regular bookworm. I always got a paperback with me.

Joe opens his desk and throws a dogeared paperback of The Bell Jar *on the desk. Mr White looks at it.*

JOE Ya ever read it?

Mr White shakes his head.

Tammy loves that Sylvia Plath. I ain't so sure, myself. She killed herself, ya know.

MR WHITE Tammy?

JOE No, asshole, Plath. The woman who wrote the goddamn book. Look, I know everybody thinks I'm a chump, but they're wrong and I'm right. I know how she feels about me, and how she makes me feel when I'm with her. And that's good enough for me.

MR WHITE Plath?

Joe gives White a hard look. Mr White laughs.

What's hard to believe? You're a lovable guy. In fact, Joe, I'd go so far as to describe you as a catch.

JOE *(laughing)* Keep needling me, Weisenheimer, and you're gonna meet Mr Boot.

Mr White walks over to the side of the desk.

MR WHITE We've met. And Mr Butt wants to stay far away.] So, explain the telegram.

JOE Five-man job. Bustin' in and bustin' out of a diamond wholesaler's

MR WHITE Can you move the ice afterwards? I don't know nobody who can move ice.

JOE Not a problem, got guys waitin' for it. But what happened to Marcellus Spivey? Didn't he always move your ice?

MR WHITE He's doin' twenty years in Susanville.

JOE What for?

MR WHITE Bad luck. What's the exposure like?

JOE Two minutes, tops. It's a tough two minutes. It's daylight, during business hours, dealing with a crowd. But you'll have the guys to deal with the crowd.

MR WHITE How many employees?

JOE Around twenty. Security pretty lax. They almost always just deal in boxes. Rough uncut stones they get from the syndicate. On a certain day this wholesaler's gettin' a big shipment of polished stones from Israel. They're like a way station. They're gonna get picked up the next day and sent to Vermont.

MR WHITE No they're not.

The men share a laugh.

What's the cut, poppa?

JOE Juicy, junior, real juicy.

FADE TO BLACK
BACK TO THE GARAGE

We follow Mr Pink, handheld, back through the rooms and hallways to the garage. We follow behind him up to Mr White, who's standing over Mr Orange.

MR PINK So, I don't know about you, but me – I'm gonna split, check into a motel and lay low for a few days.

As he gets closer he sees Mr Orange is out. He runs over to them.

Holy shit, did he fuckin' die on us?

Mr White doesn't respond.

So, is he dead or what?

MR WHITE He ain't dead.

MR PINK So what is it?

MR WHITE I think he's just passed out.

MR PINK He scared the fuckin' shit outta me. I thought he was dead fer sure.

Mr White stands up and walks over to a table.

MR WHITE He will be dead fer sure, if we don't get him to a hospital.

MR PINK We can't take him to a hospital.

MR WHITE Without medical attention, this man won't live through the night. That bullet in his belly is my fault. Now while that might not mean jack shit to you, it means a helluva lot to me. And I'm not gonna just sit around and watch him die.

MR PINK Well, first things first, staying here's goofy. We gotta book up.

MR WHITE So what do you suggest, we go to a hotel? We got a guy who's shot in the belly, he can't walk, he bleeds like a stuck pig, and when he's awake, he screams in pain.

MR PINK You gotta idea, spit it out.

MR WHITE Joe could help him. If we can get in touch with Joe, Joe could get him to a doctor, Joe could get a doctor to come and see him.

During Mr Pink's dialogue, we slowly zoom in to a closeup of Mr White.

MR PINK *(off)* Assuming we can trust Joe, how we gonna get in touch with him? He's supposed to be here, but he ain't, which is making me nervous about being here. Even if Joe is on the up and up, he's probably not gonna be that happy with us. Joe planned a robbery, but he's got a blood bath on his hands now. Dead cops, dead robbers, dead civilians ... Jesus Christ! I tend to doubt he's gonna have a lot of sympathy for our plight. If I was him, I'd try and put as much distance between me and this mess as humanly possible.

MR WHITE Before you got here, Mr Orange was askin' me to take him to a hospital. Now I don't like turning him over to the cops, but if we don't, he's dead. He begged me to do it. I told him to hold off till Joe got here.

MR PINK *(off)* Well Joe ain't gettin' here. We're on our own.

Now, I don't know a goddamn body who can help him, so if you know somebody, call 'em.

MR WHITE   I don't know anybody.

MR PINK   *(off)* Well, I guess we drop him off at the hospital. Since he don't know nothin' about us, I say it's his decision.

MR WHITE'S POV:
CLOSEUP – MR PINK

MR WHITE   *(off)* Well, he knows a little about me.

MR PINK   You didn't tell him your name, did ya?

MR WHITE   *(off)* I told him my first name, and where I'm from.
There is a long silence and a blank look from Mr Pink, then he screams:

MR PINK   Why?

MR WHITE   *(off)* I told him where I was from a few days ago. It was just a casual conversation.

MR PINK   And what was tellin' him your name when you weren't supposed to?

MR WHITE   *(off)* He asked.
Mr Pink looks at Mr White as if he's retarded.
We had just gotten away from the cops. He just got shot. It was my fuckin' fault he got shot. He's a fuckin' bloody mess – he's screaming. I swear to God, I thought he was gonna die right then and there. I'm tryin' to comfort him, telling him not to worry, he's gonna be okay, I'm gonna take care of him. And he asked me what my name was. I mean, the man was dyin' in my arms. What the fuck was I supposed to tell him, ‹Sorry, I can't give out that information, it's against the rules. I don't trust you enough›? Maybe I shoulda, but I couldn't.

MR PINK   Oh, I don't doubt it was quite beautiful –

MR WHITE   *(off)* Don't fuckin' patronize me.

MR PINK   One question: Do they have a sheet on you, where you told him you're from?

MR WHITE *(off)* Of course.

MR PINK Well that's that, then. I mean, I was worried about mug shot possibilities already. But now he knows: (a) what you look like, (b) what your first name is, (c) where you're from and (d) what your speciality is. They ain't gonna hafta show him a helluva lot of pictures for him to pick you out. That's it, right? You didn't tell him anything else that could narrow down the selection?

MR WHITE *(off)* If I have to tell you again to back off, me an' you are gonna go round and round.

Mr Pink walks out of the closeup and turns his back on Mr White.
Mr White's POV pans over to him.

MR PINK We ain't taking him to a hospital.

MR WHITE *(off)* If we don't, he'll die.

MR PINK And I'm very sad about that. But some fellas are lucky, and some ain't.

MR WHITE *(off)* That fuckin' did it!

Mr White's POV charges toward Mr Pink.
Mr Pink turns toward him in time to get punched hard in the mouth.

END OF POV

Mr White and Mr Pink have a very ungraceful and realistic fight.
They go at each other like a couple of alley cats.
As Mr White swings and punches, he screams:

MR WHITE You little motherfucker!

Mr Pink yells as he hits:

MR PINK Ya wanna fuck with me?! You wanna fuck with me?! I'll show you who you're fuckin' with!

The two men end up on the floor kicking and scratching. Mr White gets Mr Pink in a headlock.
Mr Pink reaches in his jacket for his gun, and pulls it out. Mr White

sees this, immediately lets go of Mr Pink, and goes for his own weapon.

The two men are on the floor, on their knees, with their guns outstretched, aiming at one another.

MR WHITE   You wanna shoot me, you little piece of shit? Take a shot!

MR PINK   Fuck you, White! I didn't create this situation, I'm just dealin' with it. You're actin' like a first-year fuckin' thief. I'm actin' like a professional. They get him, they can get you, they get you, they get closer to me, and that can't happen. And you, you motherfucker, are lookin' at me like it's my fault. I didn't tell him my name. I didn't tell him where I was from. I didn't tell him what I knew better than to tell him. Fuck, fifteen minutes ago, you almost told me your name. You, buddy, are stuck in a situation you created. So, if you wanna throw bad looks somewhere, throw 'em at a mirror.

Mr Pink lowers his gun.
Then from off screen we hear:

VOICE You kids don't play so rough. Somebody's gonna start crying.

INT. WAREHOUSE – DAY – MEDIUM CLOSEUP ON MR BLONDE

The Voice belongs to the infamous Mr Blonde.
Mr Blonde leans against a pole, drinking a fast-food Coke.

MR PINK Mr Blonde! You okay? We thought you might've gotten caught. What happened?
Mr Blonde doesn't answer.
He stares a Mr Pink and Mr White, sipping his Coke.
This is making Pink and White nervous as hell. But Mr Pink tries to talk through it.
Really, how did you get away?
Silence from Mr Blonde.
Where's Mr Blue?
Silence.
We were hopin' you two would be together.
Silence.
We were worried the cops got ya.
Silence.
Look, Brown is dead, Orange got it in the belly.

MR WHITE Enough! You better start talkin' to us, asshole, 'cause we got shit we need to talk about. We're already freaked out, we need you actin' freaky like we need a fuckin' bag on our hip.
Mr Blonde looks at his two partners in crime, then moves towards them.

MR BLONDE So, talk.

MR WHITE We think we got a rat in the house.

MR PINK I guarantee we got a rat in the house.

MR BLONDE What would ever make you think that?

MR WHITE Is that supposed to be funny?

MR PINK We don't think this place is safe.

MR WHITE This place just ain't secure any more. We're leaving, and you should go with us.

MR BLONDE Nobody's going anywhere.

Silence takes over the room. Mr Blonde stops moving. After a few beats the silence is broken.

MR WHITE *(to Mr Pink)* Piss on this turd, we're outta here.

Mr White turns to leave.

MR BLONDE Don't take another step, Mr White.

Mr White explodes, raising his gun and charging towards Mr Blonde.

MR WHITE Fuck you, maniac! It's your fuckin' fault we're in so much trouble.

Mr Blonde calmly sits down. He looks to Mr Pink.

MR BLONDE *(referring to Mr White)* What's this guy's problem?

MR WHITE What's my problem? Yeah, I gotta problem. I gotta big problem with any trigger-happy madman who almost gets me shot!

MR BLONDE What're you talkin' about?

MR WHITE That fuckin' shooting spree in the store.

MR BLONDE Fuck 'em, they set off the alarm, they deserve what they got.

MR WHITE You almost killed me, asshole! If I had any idea what type of guy you were, I never would've agreed to work with you.

MR BLONDE You gonna bark all day, little doggie, or are you gonna bite?

MR WHITE What was that? I'm sorry, I didn't catch it. Would you repeat it?

MR BLONDE *(calm and slow)* I said: ‹Are you gonna bark all day, doggie, or are you gonna bite.›

MR PINK Both of you two assholes knock it the fuck off and calm down!

MR WHITE *(to Mr Blonde)* So you wanna git bit, huh?

MR PINK Cut the bullshit, we ain't on a fuckin' playground! *(pause)* I don't believe this shit, both of you got ten years on me, and I'm the only one actin' like a professional. You guys act like a bunch of fuckin' niggers. You ever work a job with a bunch of niggers? They're just like you two, always fightin', always sayin' they're gonna kill one another.

MR WHITE *(to Mr Pink)* You said yourself, you thought about takin' him out.

MR PINK Then. That time has passed. Right now, Mr Blonde is the only one I completely trust. He's too fuckin' homicidal to be workin' with the cops.

MR WHITE You takin' his side?

MR PINK Fuck sides! What we need is a little solidarity here. Somebody's stickin' a red hot poker up our asses and we gotta find out whose hand's on the handle. Now I know I'm no piece of shit ... *(referring to Mr White)* And I'm pretty sure you're a good boy ... *(referring to Mr Blonde)* And I'm fuckin' positive you're on the level. So let's figure out who's the bad guy.

Mr White calms down and puts his gun away.

MR BLONDE Well, that was sure exciting. *(to Mr White)* You're a big Lee Marvin fan, aren't you? Me too. I don't know about the rest of your fellas, but my heart's beatin' fast. *(pause for a beat)* Okay, you guys, follow me.

Mr Blonde hops out of his chair and heads for the door.
The other two men just follow him with their eyes.

MR WHITE Follow you where?

MR BLONDE Down to my car.

MR WHITE Why?

MR BLONDE It's a surprise.

Mr Blonde walks out the door.

EXT. WAREHOUSE – DAY

Three cars are parked out front. Mr Blonde is walking towards the car he drove. Mr White and Mr Pink are walking behind. The camera is handheld following behind them.

MR PINK   We still gotta get out of here.
MR BLONDE   We're gonna sit here and wait.
MR WHITE   For what, the cops?
MR BLONDE   Nice Guy Eddie.
MR PINK   Nice Guy Eddie? What makes you think Nice Guy's anywhere but on a plane half way to Costa Rica?
MR BLONDE   'Cause I just talked to him. He's on his way down here, and nobody's going anywhere till he gets here.
MR WHITE   You talked to Nice Guy Eddie? Why the fuck didn't you say that in the first place?
MR BLONDE   You didn't ask.
MR WHITE   Hardy-fuckin'-har. What did he say?
MR BLONDE   Stay put. Okay, fellas, take a look at the little surprise I brought you.
Mr Blonde opens up the trunk of his car. A handcuffed, uniformed policeman is curled up inside the trunk.
MR BLONDE   Since we gotta wait for Nice Guy anyway, let's talk to our boy in blue here and see if he knows anything about this rat business.
The three crooks share a frightening laugh. We slowly zoom into a close up of the cop.

CUT TO:
TITLE CARD:
‹MR BLONDE›

INT. JOE CABOT'S OFFICE – DAY

We're inside the office of Joe Cabot. Joe's on the phone, sitting behind his desk.

JOE *(into phone)* Sid, I'm tellin' you don't worry about it. You had a bad couple of months, it happens. *(pause)* Sid ... Stop, you're embarrassing me. I don't need to be told what I already know. When you have bad months, you do what every businessman in the world does, I don't care if he's J. P. Morgan or Irving the tailor. Ya ride it out.
There's a knock on Cabot's office door. Come in.
One of Cabot's goons, Teddy, opens the door and steps inside. Cabot covers the receiver with his hand and looks towards the man.
TEDDY Vic Vega's outside.
JOE Tell him to come in.
Teddy leaves.
(into phone) Sid, a friend of mine's here. I gotta go. *(pause)* Good enough, bye.
He hangs up the phone, stands, and walks around to the front of his desk.
Teddy opens the office door, and Toothpick Vic Vega walks in. Toothpick Vic Vega is none other than our very own Mr Blonde. Vic is dressed in a long black leather seventies style jacket.
Joe stands in front of his desk with his arms open.
The two men embrace. Teddy leaves, closing the door behind him.
JOE How's freedom, kid, pretty fuckin' good, ain't it?
VIC It's a change.
JOE Ain't that a sad truth. Remy Martin?
VIC Sure.
JOE Take a seat.
Joes goes over to his liquor cabinet. Vic sits in a chair set in front of Joe's desk.

(while he pours the drinks) Who's your parole officer?

VIC A guy named Scagnetti. Seymour Scagnetti.

JOE How is he?

VIC Fuckin' asshole, won't let me leave the halfway house.

Joe finished pouring the drink; walks over and hands it to Vic.

JOE Never ceases to amaze me. Fuckin' jungle bunny goes out there, slits some old woman's throat for twenty-five cents. Fuckin' nigger gets Doris Day as a parole officer. But a good fella like you gets stuck with a ball-bustin' prick.

Joe walks back around his desk and sits in his chair. Vic swallows some Remy.

VIC I just want you to know, Joe, how much I appreciated your care packages on the inside.

JOE What the hell did you expect me to do? Just forget about you?

VIC I just wanted you to know, they meant a lot.

JOE It's the least I could do, Vic. I wish I coulda done more. *(Joe flashes a wide grin at Vic)* Vic. Toothpick Vic. Tell me a story. What're your plans?

VIC Well, what I wanna do is go back to work. But I got this Scagnetti prick deep up my ass. He won't let me leave the halfway house till I get some piece of shit job. My plans have always been to be part of the team again.

There's a knock at the door.

JOE Come in.

The door opens and in walks Joe's son, Nice Guy Eddie. Vic turns around in his seat and sees him.

EDDIE *(to Vic)* I see ya sittin' here, but I don't believe it.

Vic gets out of his seat and hugs Eddie.

How ya doin', Toothpick?

VIC Fine, now.

EDDIE I'm sorry man, I shoulda picked you up personally at the pen. This whole week's just been crazy. I've had my head up my ass the entire time.

VIC Funny you should mention it. That's what your father and I been talkin' about.

EDDIE That I should've picked you up?

VIC No. That your head's been up your ass. I walk through the door and Joe says, ‹Vic, you're back, thank god. Finally somebody who knows what the fuck he's doing. Vic, Vic, Vic, Eddie, my son, is a fuck up.› And I say, ‹Well, Joe, I coulda told you that.› ‹I'm ruined! My son, I love him, but he's taking my business and flushing it down the fuckin' toilet!› *(to Joe)* I'm not tellin' tales out of school. You tell 'im Joe. Tell 'im yourself.

JOE Eddie, I hate like hell for you to hear it this way. But when Vic asked me how's business, well, you don't lie to a man who's just done four years in the slammer for ya.

Eddie bobs his head up and down.

EDDIE Oh really, is that a fact?

Eddie jumps Vic and they fall to the floor.

The two friends, laughing and cussing at each other, wrestle on the floor of Joe's office. Joe's on his feet yelling at them.

JOE *(yelling)* Okay, okay, enough, enough! Playtime's over! You wanna roll around on the floor, do it in Eddie's office, not mine!

The two men break it up. They are completely disheveled, hair a mess, shirt-tails out. As they get themselves together, they continue to taunt one another.

EDDIE Daddy, did ya see that?

JOE What?

EDDIE Guy got me on the ground, tried to fuck me.

VIC You fuckin wish.

EDDIE You tried to fuck me in my father's office, you sick bastard. Look, Vic, whatever you wanna do in the privacy of your own home, go to it. But don't try to fuck me. I don't think of you that way. I mean, I like you a lot –

VIC Eddie, if I was a pirate, I wouldn't throw you to the crew.

EDDIE No, you'd keep me, for yourself. Four years fuckin' punks in the ass made you appreciate prime rib when you get it.

VIC I might break you, Nice Guy, but I'd make you my dog's bitch. You'd be suckin' the dick and going down on a mangy T-bone hound.

EDDIE Now ain't that a sad sight, daddy, walks into jail a white man, walks out talkin' like a nigger. It's all that black semen been shootin' up his butt. It's backed up into his brain and comes out of his mouth.

VIC Eddie, you keep talkin' like a bitch, I'm gonna slap you like a bitch.

JOE Are you two finished? We were talkin' about some serious shit when you came in, Eddie. We got a big problem we're tryin' to solve. Now, Eddie, would you like to sit down and help us solve it, or do you two wanna piss fart around?

Playtime is over and Vic and Eddie know it. So they both take seats in front of Joe's desk.

Now Vic was tellin' me, he's got a parole problem.

EDDIE Really? Who's your PO?

VIC Seymour Scagnetti.

EDDIE Scagnetti? Oh shit, I hear he's a motherfucker.

VIC He is a fucker. He won't let me leave the halfway house till I get some piece of shit job.

EDDIE You're coming back to work for us, right?

VIC I wanna. But I gotta show this asshole I got an honest-to-goodness job before he'll let me move out on my own. I can't work for you guys and be worried about gettin' back before ten o'clock curfew.

JOE *(to Eddie)* We can work this out, can't we?

EDDIE This isn't all that bad. We can give you a lot of legitimate jobs. Put you on the rotation at Long Beach as a dock worker.

VIC I don't wanna lift crates.

EDDIE You don't hafta lift shit. You don't really work there. But as far as the records are concerned, you do. I call up Matthews, the foreman, tell him he's got a new guy. Boom! You're on the schedule. You'll start getting a pay check at the end of the week. And ya know dock workers don't do too bad. So you can move into a halfway decent place without Scagnetti thinkin' ‹What the fuck. Where's the money coming from?› And if Scagnetti ever wants to make a surprise visit, you're gone that day. That day we sent you to Tustin. ‹Sorry, Scagnetti, we hadda bunch of shit out there we needed him to unload.› ‹Tough luck, Seymour. You just missed him. We sent him to the Taft airstrip, five hours away, he's pickin' up a bunch of shit and bringing it back.› You see part of your job is goin' different places – and we got places all over the place.

JOE *(to Vic)* Didn't I tell ya not to worry? *(To Eddie)* Vic was worried.

EDDIE Me and you'll drive down to Long Beach tomorrow. I'll introduce you to Matthews, tell him what's going on.

VIC That's great, guy, thanks a bunch. *(pause)* When do you think you'll need me for real work.

JOE Well, it's kinda a strange time right now. Things are kinda –

EDDIE – Nuts. We got a big meeting in Vegas coming up. And we're kinda just gettin' ready for that right now.

JOE Let Nice Guy set you up at Long Beach. Give ya some cash, get that Scagnetti fuck off your back, and we'll be talking to ya.

EDDIE Daddy, I got an idea. Now just hear it out. I know you don't like to use any of the boys on these jobs, but technically Vic ain't one of the boys. He's been gone for four years. He ain't on no one's list. Ya know he can handle himself, ya know you can trust him.

Joe looks at Vic.

Vic has no idea what they're talking about.

JOE How would you feel about pullin' a heist with about five others guys?

FADE TO BLACK:
INT. NICE GUY EDDIE'S CAR (MOVING) – DAY

Nice Guy Eddie is driving to the rendezvous talking on his portable car phone. The sounds of the seventies are coming out of his car radio in the form of ‹Love Grows Where My Rosemary Goes› by Edison Lighthouse.

EDDIE *(into phone)* Hey Dov, we got a major situation here. *(pause)* I know you know that. I gotta talk with Daddy and find out what he wants done.

FLASH ON
INT. WAREHOUSE – DAY

The Cop is standing in the warehouse with his hands cuffed behind his back. Mr White, Mr Pink and Mr Blonde surround him and proceed to beat the shit out of him. ‹Love Grows ...› Plays over the soundtrack.

BACK TO NICE GUY EDDIE

EDDIE *(into phone)* All I know is what Vic told me. He said the place turned into a fuckin' bullet festival. He took a cop as hostage, just to get the fuck out of there.

FLASH ON
WAREHOUSE

The three men are stomping the cop into the ground.

BACK TO EDDIE

EDDIE *(into phone)* Do I sound like I'm jokin'? He's fuckin' driving around with the cop in his trunk. *(pause)* I don't know who did what. I don't know, who's alive, who's caught, who's not ... I will know, I'm practically there. But what do I tell these guys about Daddy? *(pause)* Okay, that's what I'll tell em.

CUT TO:
EXT. WAREHOUSE – DAY

Three cars belonging to the other guys are parked outside the warehouse.
Eddie drives his car up to the warehouse. He gets out of the car, looks at the other cars parked outside.

EDDIE *(to himself)* Fucking assholes.

Eddie makes a beeline for the front door, bangs it open, and steps inside the warehouse.

INT. WAREHOUSE – DAY

The robbers have the cop tied to a chair and are still wailing on him. Nice Guy Eddie walks in and everybody jumps.

EDDIE What in Sam Hill is goin' on?

Mr Pink and Mr White speak together.

MR PINK Hey, Nice Guy, we got a cop.

WHITE *(at the same time)* You're askin' what's goin' on? Where the fuck is Joe?

Nice Guy sees Mr Orange.

EDDIE Holy shit, Orange's all fucked up!

WHITE No shit, he's gonna fuckin' die on us if we don't get him taken care of.

MR PINK We were set up, the cops were waiting for us.

EDDIE What? Nobody set anybody up.

MR PINK The cops were there waitin' for us!

EDDIE Bullshit.

MR PINK Hey, fuck you, man, you weren't there, we were. And I'm tellin' ya, the cops had that store staked out.

EDDIE Okay, Mr Detective, who did it?

MR PINK What the fuck d'you think we've been askin' each other?

EDDIE And what are your answers? Was it me? You think I set you up?

MR PINK I don't know, but somebody did.

EDDIE Nobody did. You cowboys turn the jewelry store into a wild west show, and you wonder why cops show up.

MR BLONDE Where's Joseph?

EDDIE I ain't talked to him. I talked to Dov. Dov said Daddy's comin' down here, and he's fucking pissed.

MR PINK *(to Mr White)* I told ya he'd be pissed.

MR BLONDE What did Joe say?

EDDIE I told you, I haven't talked to him. All I know is, he's pissed.

MR WHITE *(pointing to Mr Orange)* What are you gonna do about him?

EDDIE Jesus Christ, give me a fuckin' chance to breathe. I got a few questions of my own, ya know.

MR WHITE You ain't dying, he is.

EDDIE I can see that, Mr Compassion. I'll call somebody.

MR WHITE Who?

EDDIE A snake charmer, what the fuck d'you think. I'll call a doctor, he'll fix 'm right up. Now, where's Mr Brown and Mr Blue?

MR PINK Brown's dead, we don't know about Blue.

EDDIE Fuck, man. They killed Brown? Are you sure?

MR WHITE Yeah, I'm fuckin' sure, I was there. He took it in the face and in the neck.

EDDIE And nobody's got a clue what happened to Mr Blue?

MR BLONDE Well, he's either dead or he's alive or the cops got him or they don't.

Dolly to medium on the cop.

EDDIE *(off)* I take it this is the bastard you told me about. *(referring to the cop)* Why the hell are you beating the shit out of him?

MR PINK So he'll tell us who the fuck set us up.

EDDIE Would you stop it with that shit! You beat on this prick enough, he'll tell ya he started the Chicago fire. That don't necessarily make it so. Okay, first things fucking last, where's the shit? Please tell me somebody brought something with them.

MR PINK I got a bag. I stashed it till I could be sure this place wasn't a police station.

EDDIE Good for you. Well, let's go get it. We also gotta get rid of all those cars. It looks like Sam's hot car lot outside. *(pointing to Mr Blonde)* You stay here and babysit Orange and the cop. *(referring to Mr Pink and Mr White)* You two take a car each, I'll follow ya. You ditch it, I'll pick you up, then we'll pick up the stones. And while I'm following you, I'll arrange for some sort of a doctor for our friend.

MR WHITE We can't leave these guys with him. *(meaning Mr Blonde)*

EDDIE Why not?

Mr White crosses to Mr Blonde.

MR WHITE Because this guy's a fucking psycho. And if you think Joe's pissed at us, that ain't nothing compared to how pissed off I am at him, for puttin' me in the same room as this bastard.

MR BLONDE *(to Eddie)* You see what I been puttin' up with? As soon as I walk through the door I'm hit with this shit. I tell 'em what you told me about us stayin' put and Mr White whips out his gun, sticks it in my face, and starts screaming, ‹You motherfucker, I'm gonna blow you away, blah, blah, blah.›

MR WHITE He's the reason the place turned into a shooting gallery. *(to Mr Pink)* What are you, a silent partner? Fuckin' tell him.

MR PINK He seems all right now, but he went crazy in the store.

MR WHITE This is what he was doin'.

Mr White acts out Mr Blonde shooting everybody in the store.

MR BLONDE I told 'em not to touch the alarm. They touched it. I blew 'em full of holes. If they hadn't done what I told 'em not to, they'd still be alive today.

MR WHITE That's your excuse for going on a kill crazy rampage?

MR BLONDE I dont' like alarms.

EDDIE What does it matter who stays with the cop? We ain't

lettin' him go. Not after he's seen everybody. You should've never took him outta your trunk in the first place.

MR PINK We were trying to find out what he knew about the set up.

EDDIE There is no fuckin' set up! *(Eddie takes charge)* Look, this is the news. Blondie, you stay here and take care of them two. White and Pink come with me, 'cuz if Joe gets here and sees all those fucking cars parked out front, he's going to be as mad at me as he is at you.

Eddie, Mr White and Mr Pink walk out of the warehouse talking amongst themselves.

INT. WAREHOUSE – DAY – MR BLONDE AND COP

Mr Blonde closes the door after them. He then slowly turns his head towards the cop.

MR BLONDE
CU – COP'S FACE.

MR BLONDE *(off)* Now where were we?

COP I told you I don't know anything about any fucking set up. I've only been on the force eight months, nobody tells me anything! I don't know anything! You can torture me if you want –

MR BLONDE *(off)* Thanks, don't mind if I do.

COP Your boss even said there wasn't a set up.

MR BLONDE *(off)* First off, I don't have a boss. Are you clear about that?

He slaps the cop's face.

MR BLONDE *(off)* I asked you a question. Are you clear about that?

COP Yes.

MR BLONDE *(off)* Now I'm not gonna bullshit you. I don't really care about what you know or don't know. I'm gonna torture you for a while regardless. Not to get information, but because torturing a cop amuses me. There's nothing you can say, I've heard it all before. There's nothing you can do. Except pray for a quick death, which you ain't gonna get.
He puts a piece of tape over the cop's mouth.

COP'S POV

Mr Blonde walks away from the cop.

MR BLONDE Let's see what's on K-Billy's ‹super sounds of the seventies› weekend.
He turns on the radio.
Stealer's Wheel's hit ‹Stuck in the Middle with You› plays out the speaker.
Note: This entire sequence is timed to the music.
Mr Blonde slowly walks toward the cop. He opens a large knife.*
**[He grabs a chair, places it in front of the cop and sits on it.]
Mr Blonde just stares into the cop's/our face, holding the knife, singing along with the song.
Then, like a cobra, he lashes out.
A slash across the face
The cop/camera moves around wildly.
Mr Blonde just stares into the cop's/our face, singing along with the seventies hit.
Then he reaches out and cuts off the cop's/our ear.
The cop/camera moves around wildly.
Mr Blonde holds the ear up to the cop/us to see.

---

* Razor in completed film.
** Cut from completed film.

*[*Mr Blonde rises, kicking the chair he was sitting on out of the way.*]*

INT./EXT. WAREHOUSE – DAY – HANDHELD SHOT

We follow Mr Blonde as he walks out of the warehouse ... to his car. He opens the trunk, pulls out a large can of gasoline. He walks back inside the warehouse ...

INT. WAREHOUSE – DAY

... carrying the can of gas.
Mr Blonde pours the gasoline all over the cop, who's begging him not to do this.
Mr Blonde just sings along with Stealer's Wheel.
Mr Blonde lights up a match and, while mouthing:

MR BLONDE ‹Clowns to the left of me, jokers to the right. Here I am, stuck in the middle with you.›
He moves the match up to the cop ...
... When a bullet explodes in Mr Blonde's chest.
The handheld camera whips to the right and we see the bloody Mr Orange firing his gun.
We cut back and forth between Mr Blonde taking bullet hits and Mr Orange emptying his weapon.
Mr Blonde falls down dead.
Mr Orange crawls to where the cop is, leaving a bloody trail behind him.
When he reaches the cop's feet he looks up at him.
MR ORANGE *(feebly)* What's your name?
COP Marvin.
MR ORANGE Marvin what?

* Cut from completed film.

COP Marvin Nash.
MR ORANGE Listen to me, Marvin Nash. I'm a cop.
MARVIN I know.
MR ORANGE *(surprised)* You do?
MARVIN Your name's Freddy something.
MR ORANGE Freddy Newendyke.
MARVIN Frankie Ferchetti introduced us once, about five months ago.
MR ORANGE Shit. I don't remember that at all.
MARVIN I do. *(pause)* How do I look?

The gut-shot Mr Orange looks at the kid's gashed face and the hole in the side of his head where his ear used to be.

MR ORANGE I don't know what to tell you, Marvin.

Marvin starts to weep.

MARVIN That fucking bastard! That fucking sick fucking bastard!
MR ORANGE Marvin, I need you to hold on. There's officers positioned and waiting to move in a block away.
MARVIN *(screaming)* What the fuck are they waiting for? That motherfucker cut off my ear! He slashed my face! I'm deformed!
MR ORANGE And I'm dying. They don't know that. All they know is they're not to make a move until Joe Cabot shows up. I was sent undercover to get Cabot. You heard 'em, they said he's on his way. Don't pussy out on me now, Marvin. We're just gonna sit here and bleed until Joe Cabot sticks his fuckin' head through that door.

CUT TO:
TITLE CARD:
‹MR ORANGE›

INT. DENNY'S – NIGHT

A tough-looking black man named Holdaway, who sports a Malcolm X beard, a green Chairman Mao cap with a red star on it, and a military flack jacket, digs into a Denny bacon, cheese and avocado burger. He sits in a booth all alone. He's waiting for somebody. As he waits, he practically empties an entire bottle of ketchup on his french fries, not by mistake either – that's just how he likes it.

We see Mr Orange, now known as Freddy Newendyke, wearing a high school letterman jacket, enter the coffee shop, spot Holdaway, and head his way. Holdaway sees Freddy bop towards him with a wide-ass alligator grin plastered across his face.

Camera dollies fast down aisle to medium shot of Holdaway. We hear Freddy off screen.

FREDDY *(off)* Say ‹hello› to a motherfucker who's inside. Cabot's doing a job and take a big fat guess who he wants on the team?

HOLDAWAY This better not be some Freddy joke.

LOW ANGLE

looking up at Freddy, who's standing at the table.

FREDDY It ain't no joke, I'm in there. I'm up his ass.

CU – HOLDAWAY

Holdaway just looks at his pupil for a moment, then smiles.

HOLDAWAY Congratulations.

EXT. DENNY – NIGHT

Through the window of the restaurant we see Freddy slide into the booth across from Holdaway. Freddy's doing a lot of talking, but we can't hear what they're saying.

INT. DENNY – NIGHT
FREEZE FRAME ON HOLDAWAY

We are frozen on a medium close up of Holdaway listening to Freddy. We hear restaurant noise and Freddy off screen.

FREDDY *(off)* Nice Guy Eddie tells me Joe wants to meet me. He says I should just hang around my apartment and wait for a phone call. Well, after waiting three goddamn days by the fuckin' phone, he calls me last night and says Joe's ready, and he'll pick me up in fifteen minutes.
The freeze frame ends. Holdaway comes suddenly up to speed and says:
HOLDAWAY Who all picked you up?
From here to end we cut back and forth.
FREDDY Nice Guy. When we got to the bar ...
HOLDAWAY ... What bar?
FREDDY The Boots and Socks in Gardena. When we got there, I met Joe and a guy named Mr White. It's a phony name. My name's Mr Orange.
HOLDAWAY You ever seen this motherfucker before?
FREDDE Who, Mr White?
HOLDAWAY Yeah.
FREDDY No, he ain't familiar. He ain't one of Cabot's soldiers either. He's gotta be from outta town. But Joe knows him real well.
HOLDAWAY How can you tell?
FREDDY The way they talk to each other. You can tell they're buddies.

HOLDAWAY   Did the two of you talk?
FREDDY   Me and Mr White?
HOLDAWAY   Yeah.
FREDDY   A little.
HOLDAWAY   What about?
FREDDY   The Brewers.
HOLDAWAY   The Milwaukee Brewers?
FREDDY   Yeah. They had just won the night before, and he made a killing off 'em.
HOLDAWAY   Well, if this crook's a Brewers fan, his ass gotta be from Wisconsin. And I'll bet you everything from a diddle-eyed Joe to a damned-if-I-know, that in Milwaukee they got a sheet on this Mr White motherfucker's ass. I want you to go through the mugs of guys from old Milwaukee with a history of armed robbery, and put a name to that face.

Holdaway takes a big bite out of his burger.

(with his mouth full) What kinda questions did Cabot ask?
FREDDY   Where I was from, who I knew, how I knew Nice Guy, had I done time, shit like that.

Holdaway's talked enough, he's eating his burger now. He motions for Freddy to elaborate.

He asked me if I ever done armed robbery before. I read him my credits. I robbed a few gas and sips, sold some weed, told him recently I held the shotgun while me and another guy pulled down a poker game in Portland.
HOLDAWAY   How was Long Beach Mike's referral?
FREDDY   Perfecto! His backin' me up went a long fuckin' way. I told 'em it was Long Beach Mike I did the poker game with. When Nice Guy called him to check it out, he said I was A-okay. He told 'em I was a good thief, I didn't rattle, and I was ready to make a move. What happens to Long Beach Mike now?
HOLDAWAY   We'll take care of him.

FREDDY Do right by him, he's a good guy. I wouldn't be inside if it wasn't for him.

HOLDAWAY Long Beach Mike isn't your amigo, he's a fuckin' scumbag. The piece of shit is selling out his real amigos, that's how much of a good fuckin' guy he is. We'll look after his ass, but get that no good motherfucker outta mind, and tend to business.

Camera moves from a medium on Freddy to a closeup.

HOLDAWAY *(off)* Didja use the commode story?

FREDDY Fuckin'-A. I tell it real good, too.

EXT. ROOFTOP – DAY

Freddy and Holdaway at one of their many rendezvous, an LA city rooftop.

FREDDY What's this?

HOLDAWAY It's a scene. Memorize it.

FREDDY What?

HOLDAWAY An undercover cop has got to be Marlon Brando. To do this job you got to be a great actor. You got to be naturalistic. You got to be naturalistic as hell. If you ain't a great actor you're a bad actor, and bad acting is bullshit in this job.

FREDDY *(referring to the papers)* But what is this?

HOLDAWAY It's an amusing anecdote about a drug deal.

FREDDY What?

HOLDAWAY Some funny shit that happened while you were doing a job.

FREDDY I gotta memorize all this? There's over four fuckin' pages of shit here.

HOLDAWAY It's like a fuckin' joke, man. You remember what's important and the rest you make your own. You can tell a joke, can't ya?

FREDDY I can tell a joke.

HOLDAWAY Well just think about it like that. Now the things you hafta remember are the details. It's the details that sell your story. Now your story takes place in a men's room. So you gotta know the details about that men's room. You gotta know if they got paper towels or a blower to dry your hands. You gotta know if the stalls got doors or not. You gotta know if they got liquid soap or that pink granulated powder shit. If they got hot water or not. If it stinks. If some nasty motherfucker sprayed diarrhea all over one of the bowls. You gotta know every damn thing there is to know about that commode. And the people in your story, you gotta know the details about them, too. Anybody can tell who did what to whom. But in real life, when people tell a story, they try to recreate the event in the other person's mind. Now what *you* gotta do is take all them details and make 'em your own. This story's gotta be about you, and how you perceived the events that took place. And the way you make it your own is you just gotta keep sayin' it and sayin' it and sayin' it and sayin' it and sayin' it.

INT. FREDDY'S APARTMENT – DAY

Freddy paces back and forth, in and out of frame, rehearsing the anecdote. He's reading it pretty good, but he's still reading it from the page, and every once in a while he stumbles over his words.

FREDDY ... this was during the Los Angeles marijuana drought of '86. I still had a connection. Which was insane, 'cause you couldn't get weed anyfuckinwhere then. Anyway, I had a connection with this hippie chick up in Santa Cruz. And all my friends knew it. And they'd give me a call and say, ‹Hey, Freddy, you buyin' some, you think you could buy me some too?› They knew I smoked, so they'd

ask me to buy a little for them when I was buyin'. But it got to be everytime I bought some weed, I was buyin' for four or five different people. Finally I said, ‹Fuck this shit.› I'm makin' this bitch rich. She didn't have to do jack shit, she never even had to meet these people. I was fuckin' doin' all the work. So I got together with her and told her, ‹Hey, I'm sick of this shit. I'm comin' through for everybody, and nobody's comin' through for me. So, either I'm gonna tell all my friends to find their own source, or you give me a bunch of weed, I'll sell it to them, give you the money, minus ten percent, and I get my pot for free.› So, I did it for a while ...
Freddy exits frame.

CUT TO:
EXT. ROOFTOP – DAY

Another empty frame, except obviously outside. Freddy enters frame from the same direction he exited in the previous scene, finishing his sentence. When we move to a wider shot we see Freddy performing his monologue to Holdaway. Freddy paces back and forth as he performs his story.

FREDDY ... but then that got to be a pain in the ass. People called me on the phone all the fuckin' time. I couldn't rent a fuckin' tape without six phone calls interrupting me. ‹Hey, Freddy, when's the next time you're gettin' some?› ‹Motherfucker, I'm tryin' to watch *Lost Boys* – when I have some, I'll let you know.› And then these rinky-dink pot heads come by – they're my friends and everything, but still. I got all my shit laid out in sixty dollar bags. Well, they don't want sixty dollars worth. They want ten dollars worth. Breaking it up is a major fuckin' pain in the ass. I don't even know how much ten dollars worth is. ‹Well, fuck, man, I don't want that much around. If I have that much around I'll smoke it.› ‹Hey, if you guys can't control your smokin', that's not my problem. You motherfuckers been smokin' for five years, be adult about it.› Finally I just told my connection, count me out. But as it turns out, I'm the best guy she had, and she depended alot on my business. But I was still sick to death of it. And she's tryin' to talk me into not quittin'.

Now this was a very weird situation, 'cause I don't know if you remember back in '86 there was a major fuckin' drought. Nobody had anything. People were livin' on resin and smokin' the wood in their pipes for months. And this chick had a bunch, and was beggin' me to sell it. So I told her I wasn't gonna be Joe the Pot Man anymore. But I would take a little bit and sell it to my close, close, close friends. She agreed to that, and said we'd keep the same arrangement as before, ten percent and free pot for me, as long as I helped her out that weekend. She had a brick of weed she was sellin', and she didn't want to go to the buy alone.

CUT TO:
INT. BOOTS AND SOCKS BAR – NIGHT

Freddy, Joe, Nice Guy Eddie and Mr White all sit around a table in a red-lighted smokey bar. Freddy continues his story. The crooks are enjoying the hell out of it.

FREDDY ... Her brother usually goes with her, but he's in county unexpectedly.
MR WHITE What for?
FREDDY Traffic tickets gone to warrant. They stopped him for something, found the warrants on 'im, took 'im to jail. She doesn't want to walk around alone with all that weed. Well, I don't wanna do this, I have a bad feeling about it, but she keeps askin' me, keeps askin' me, finally I said okay 'cause I'm sick of listening to it. Well, we're picking this guy up at the train station.
JOE You're picking the buyer up at the train station? You're carrying the weed on you?
FREDDY Yeah, the guy needed it right away. Don't ask me why. So we get to the train station, and we're waitin' for the guy. Now I'm carrying the weed in one of those carry-on bags, and I gotta take a piss. So I tell the connection I'll be right back, I'm goin' to the little boys' room...

CUT TO:
INT. MEN'S ROOM – TRAIN STATION – DAY
MEDIUM ON FREDDY

He walks through the door with a carry-on bag over his shoulder. Once he's inside, he stops in his tracks. We move into a closeup.

FREDDY *(voice over)* ... So I walk into the men's room, and who's standing there?

FREEZE FRAME

on Freddy standing in front of four Los Angeles County Sheriffs and one German Shepherd. All of their eyes are on Freddy. Everyone is frozen.

FREDDY *(voice over)* ... four Los Angeles County Sheriffs and a German Shepherd.
NICE GUY EDDIE *(voice over)* They were waitin' for you?
FREDDY *(voice over)* No. They were just a bunch of cops hangin' out in the men's room, talkin'. When I walked through the door they all stopped what they were talking about and looked at me.

BACK TO BAR
EXTREME CU – MR WHITE

MR WHITE That's hard, man. That's a fuckin' hard situation.

BACK TO MEN'S ROOM
EXTREME CU – GERMAN SHEPHERD

barking his head off.

FREDDY *(voice over)* The German Shepherd starts barkin'. He's barkin' at me. I mean it's obvious he's barkin' at me.
We do a slow 360 around Freddy in the men's room. We can hear the dog barking.
Every nerve ending, all of my senses, the blood in my veins, everything I had was screaming. ‹Take off, man, just take off, get the fuck outta here!› Panic hit me like a bucket of water. First there was the shock of it – BAM, right in the face! Then I'm just standin' there drenched in panic.
And all those sheriffs are lookin' at me and they know. They can smell it. As sure as that fuckin' dog can, they can smell it on me.

FREEZE FRAME

Freeze frame shot of Freddy standing in front of the sheriffs. It suddenly jerks to life, and moves to speed. The dog is barking. Freddy moves to his right, out of frame. We stay on the sheriffs. One sheriff yells at the dog.

SHERIFF #1 Shut up!
The dog quietens down. Sheriff #2 continues with his story. A couple of the sheriffs look over at Freddy off screen, but as Sheriff #2 talks, turn their attention to him.

SHERIFF #2 So my gun's drawn, right? I got it aimed right at him. I tell 'im, ‹Freeze, don't fuckin' move.› And the little idiot's lookin' at me, nodding his head ‹Yes›, sayin', ‹I know ... I know ... I know.› Meanwhile, his right hand is creepin' towards his glove box. So I scream at him, ‹Asshole, you better fuckin' freeze right now!› And he's still lookin' at me, saying ‹I know ... I know ... I know.› And his right hand's still going for the glove box.

The camera pans away from the sheriffs to Freddy, up against the urinal, playing possum, pretending to piss.

I tell 'im, ‹Buddy, I'm gonna shoot you in the face right now if you don't put your hands on the fuckin' dash.› And the guy's girlfriend, a real sexy Oriental bitch, starts screamin' at him, ‹Chuck, are you out of your mind? Put your hands on the dash like the officer said.› And then like nothing, the guy snaps out of it and casually puts his hands on the dash.

Freddy finishes his playing possum piss, and walks past the sheriffs over to the sink. The camera pans with him. A sheriff is sitting on a sink. He looks down and watches Freddy wash his hands.

SHERIFF #1 What was he goin' for?

SHERIFF #2 His registration. Stupid fuckin' citizen, doesn't have the slightest idea how close he came to gettin' shot.

Freddy finishes washing his hands. He goes to dry them, but there's only those hand drying machines. Freddy turns on the drying machine. He can't hear anything the sheriffs say now. The sound of the machine dominates the sound track.

These following shots are slow motion.

CU – FREDDY
CU – *his hands, rubbing each other getting blown dry.*

Shot of Sheriffs staring at Freddy.

CU – FREDDY
CU – FREDDY'S HANDS.

CU – GERMAN SHEPHERD

He barks. We can't hear him because of the machine. Machine turns off. Freddy turns and walks out of the room.

BACK TO BAR
CU – JOE

JOE *(laughing)* That's how you do it, kid. You knew how to handle that situation. You shit your pants, and then you just dive in and swim.
In slow motion Joe lights a cigar.
HOLDAWAY *(off)* Tell me more about Cabot.
FREDDY *(off)* He's a cool guy. A real nice, real funny, real cool guy.

CUT TO:
*[INT. DENNY'S – NIGHT

FREDDY You remember *The Fantastic Four*?
HOLDAWAY Yeah.
FREDDY The Thing. The motherfucker looks just like The Thing.]

**[CUT TO:
INT. FREDDY'S APARTMENT – DAY**

Freddy is sitting at a table, eating Captain Crunch, and flipping through mug shots.

---

* Added during shooting.
** Cut from completed film.

CU – SOME UGLY MUGS

Then we come to Mr White's mug shot. Freddy's recognition. He grabs his phone, dials a number, and takes a quick spoonful of cereal before it's answered.

HOLDAWAY *(off)* Whatcha want?
FREDDY *(mouthful)* Jim?
HOLDAWAY *(off)* Who the fuck is this?
  He swallows.
FREDDY Freddy Newendyke.
HOLDAWAY *(off)* You find him yet, Newendyke?
FREDDY I'm lookin' at him right now.
HOLDAWAY *(off)* So what's Mr White's real name?
FREDDY Lawrence Dimick, D-I-M-I-C-K.
HOLDAWAY *(off)* Good work, Newendyke. We'll see what we can find out about Mr Dimick's ass.

CUT TO:
INT. COMPUTER ROOM – DAY
CU – COMPUTER SCREEN

the name Dimick, Lawrence is typed in.

CU – ENTER BUTTON IS PUNCHED
CU – FEMALE COMPUTER OPERATOR, JODIE McCLUSKEY

JODIE This is your life, Lawrence Dimick!

CU – COMPUTER PRINTER

printing out sheet. The noise of the printer plays loud over the soundtrack. Jodie's hand comes into frame and tears sheet from the printer.

CUT TO:
EXT. HAMBURGER STAND – DAY

Freddy, Holdaway, and Jodie sit at a cabana table in front of a hamburger stand, stuffing their faces with gigantic burgers.

HOLDAWAY Read us what you got, McCluskey.
JODIE Lawrence ‹Larry› Dimick. Also known as Lawrence Jacobs and Alvin ‹Al› Jacobs. This guy is Mr Joe-Armed-Robbery. He's a pro and he makes it a habit not to get caught. He's only been convicted twice, which is pretty good for somebody living a life of crime. Once for armed robbery, when he was twenty-one, in Milwaukee.
FREDDY What was it?
JODIE Payroll office at a lumber yard. First offense – he got eighteen months. He didn't get busted again until he was thirty-two. And then it was a backdoor bust. A routine vice squad roust. They roust this bar, our buddy Lawrence is in

there knocking down a few. He gets picked up. He's wearing on his person an outlaw .45 automatic, apparently his weapon of choice. Also, on his finger is a diamond ring from a jewelry store robbery a year earlier. He got two years back inside for that.

Freddy winces.

FREDDY Goddamn, that's hard time.

JODIE So far, it's the only time he's ever done.

HOLDAWAY Was this vice squad bullshit in Milwaukee?

JODIE No. The vice squad roust was in LA. He's been in Los Angeles since '77.

FREDDY When did he do this time?

JODIE Back in '83, got out late '85. I found something else out I think you two should be aware of. About a year and a half ago, up in Sacramento, an undercover cop, John Dolenz, worked his way into a bank job. Apparently before the job they found out he was a cop. Now picture this: it's Dolenz's birthday, a bunch of cops are waiting in his apartment for a surprise party. The door opens, everyone yells ‹Surprise›, and standing in the doorway is Dolenz and this other guy sticking a gun in Dolenz ribs. Before anybody knows what's going on, this stranger shoots Dolenz dead and starts firing two .45 automatics into the crowd.

HOLDAWAY What happened?

JODIE It was a mess. Cops got hit, wives got hit, girlfriends got hit, his dog got hit. People got glass in their faces. Three were killed, six were wounded.

FREDDY They couldn't pin the killing on one of the bank robbers?

JODIE They tried, but they didn't have a positive ID and all those guys had alibis. Besides, we really didn't have anything on them. We had the testimony of a dead man that they were talking about committing a robbery. They never went ahead with the bank job.

FREDDY   And Larry Dimick was one of the boys?

JODIE   He was probably the one.

HOLDAWAY   Just how sure are you with your cover?

FREDDY   Today they may know something, tomorrow they may know something else, but yesterday they didn't know anything. What's the next step.

HOLDAWAY   Do what they told ya. Sit in your apartment and wait for 'em to call you. We'll have guys posted outside who'll follow you when they pick you up.]

INT. FREDDY'S – DAY
CU – TELEPHONE

It rings. Freddy answers it, we follow the receiver up to his face.

FREDDY   Hello.

NICE GUY EDDIE   *(off – through phone)* It's showtime. Grab your jacket –

INT. NICE GUY EDDIE'S CAR (PARKED) – DAY
CU – *Nice Guy Eddie speaking into the car phone*

EDDIE   – We're parked outside.

FREDDY   *(off – through the phone)* I'll be right down.
Through the phone we hear the click of Freddy hanging up. Nice Guy places the receiver back in its cradle.

EDDIE   He'll be right down.

INT. FREDDY'S APARTMENT – DAY

The camera follows Freddy as he hops around the apartment getting everything he needs. He puts on his jacket and slips on some sneakers.

Before he goes he roots around among some coins on the table, finds his ring and puts it on.
Dolly fast toward the front door knob. Freddy's hand comes into frame, grabs the knob, then lets go. We move up to his face.

FREDDY *(to himself)* Don't pussy out on me now. They don't know. They don't know shit. *(pause)* You're not gonna get hurt. You're fucking Baretta and they believe every word, cuz you're super cool.

He exits frame. We stay put and hear the door open and close off screen.

EXT. FREDDIE's APARTMENT – DAY
COPS' POV

From inside an unmarked car across the street, the two cops watching Freddy see him walk out of his building and up to Eddie's parked car.

COP #1 *(off)* There goes our boy.
COP #2 *(off)* I swear, a guy has to have rocks in his head the size of Gibraltar to work undercover.
COP #1 *(off)* Do you want one of these?
COP #2 *(off)* Yeah, gimme the bear claw.
Freddy gets into the car and it pulls into traffic. Cop #1 starts the engine and follows.

INT. NICE GUY EDDIE'S CAR (MOVING) – DAY

Nice Guy Eddie is behind the wheel. Mr Pink is in the passenger seat. Freddy and Mr White are in the backseat together.

MR PINK ... Hey, I know what I'm talkin' about, black women ain't the same as white women.
MR WHITE *(sarcastically)* There's a slight difference.
The car laughs.
MR PINK Go ahead and laugh, you know what I mean. What a white bitch will put up with, a black bitch won't up with for a minute. They got a line, and if you cross it, they fuck you up.
EDDIE I gotta go along with Mr Pink on this. I've seen it happen.
MR WHITE Okay, Mr Expert. If this is such a truism, how come every nigger I know treats his woman like a piece of shit?
MR PINK I'll make you a bet that those same damn niggers

who were showin' their ass in public, when their bitches get 'em home, they chill the fuck out.

MR WHITE   Not these guys.

MR PINK   Yeah, those guys too.

EDDIE   Let me tell you guys a story. In one of Daddy's clubs there was this black cocktail waitress named Elois.

MR WHITE   Elois?

EDDIE   Yeah, Elois. E and Lois. We called her Lady E.

MR WHITE   Where was she from, Compton?

EDDIE   No. She was from Ladora Heights.

MR PINK   The black Beverly Hills. I knew this lady from Ladora Heights once. *(in a stuck up black female voice)* ‹Hi, I'm from Ladora Heights, it's the black Beverly Hills.›

EDDIE   It's not the black Beverly Hills, it's the black Palos Verdes. Anyway, this chick, Elois, was a man-eater-upper. I bet every guy who's ever met her has jacked off to her at least once. You know who she looked like? Christie Love. 'Member that TV show *Get Christie Love*? She was a black female cop. She always used to say, ‹You're under arrest, sugar.›

MR PINK   I was in the sixth grade when that show was on. I totally dug it. What the fuck was the name of the chick who playes Christie Love?

EDDIE   Pam Grier.

MR PINK   No, it wasn't Pam Grier, Pam Grier was the other one. Pam Grier made the movies. *Christie Love* was like a Pam Grier TV show, without Pam Grier.

MR PINK   What the fuck was that chick's name? Oh this is just great, I'm totally fuckin' tortured now.

EDDIE   Well, whoever she was, Elois looked like her. So one night I walk into the club, and no Elois. Now the bartender was a wetback, he was a friend of mine, his name was Carlos. So I asked him, ‹Hey, Carlos, where's Lady E tonight?› Well apparently Lady E was married to this real piece of dog shit. I mean, a real animal. And apparently he would do things to her.

FREDDY Do things? What would he do? You mean like beat her up?

EDDIE Nobody knows for sure what he did. We just knew he did something. Anyway, Elois plays it real cool. And waits for the next time this bag of shit gets drunk. So one night the guy gets drunk and passes out on the couch. So while the guy's inebriated, she strips him naked. Then she takes some crazy glue and glues his dick to his belly.

The car reacts to how horrible that would be.

I'm dead fuckin' serious. She put some on his dick and some on his belly, then stuck 'em together. The paramedics had to come and cut it loose.

The car reacts badly.

MR WHITE Jesus Christ!

FREDY You can do some crazy things with it.

EDDIE I don't know what he did to her, but she got even.

MR WHITE Was he all pissed off?

MR PINK How would you feel if you had to do a handstand every time you took a piss.

The car laughs.

* [EXT. WAREHOUSE – DAY

Nice Guy Eddie pulls up outside the warehouse. The four men climb out of the car and follow Eddie inside.

INT. WAREHOUSE – DAY

The four men enter the building.
At the other end of the warehouse, sitting in chairs, are Mr Blonde,

---

* Cut from completed film.

Mr Brown, Mr Blue and Joe Cabot. We shoot this from overhead, looking down on the men.

JOE *(to everybody)* ... So they're talking about how they get their wives off, and the French guy says: *(in a bad French accent)* ‹All I gotta do is take my pinky and tickle my Fifi's little oo-la-la and she rises a foot off the bed.›
Back to Joe.
So the dago says:

CU – JOE

(in a good Brooklyn accent) ‹That's nothin'. When I take the tip of my tongue and wiggle it against my Mary Louise's little fun pimple, she rises two feet off da bed.› Then our friend from Poland says: *(in a dumb voice)* ‹You guys ain't no cocksmen. When I get through fuckin' my Sophie, I wipe my dick on the curtains and you know what? She hits the roof!›
Joe laughs like a crazy man.
Ha, ha, ha, ha, ha, ha!
We hear a lot of laughing off screen.
Ain't that a masterpiece? Stupid fuckin' Polack, wipes his dick on the drapes.
Joe's eyes greet the new arrivals.
You're here, great!

JOE EXITS – CU

We now have everybody from the Uncle Bob's Pancake House scene together again. The men sit on folding chairs, some stand. Joe sits in front of them on the edge of a table. A blackboard with a layout of the jewelry store is off to the right.
We do a 360 around the men.

EDDIE   We woulda gotten here sooner, but we got backed up around La Brea and Pico.

JOE   No hurry. *(to the boys)* All right, let's get to know one another.]

*[INT. WAREHOUSE – DAY

JOE   You guys like to tell jokes and giggle and kid around, huh? Giggling like a bunch of young broads in a school yard. Well, let me tell a joke.
Camera tracks across the men's faces.
Five guys sitting in a bull pen, San Quentin. Wondering how the fuck they got there. What'd we do wrong? What should we've done? What didn't we do? It's your fault, my fault, his fault. All that bullshit. Finally, someone comes up with the idea, wait a minute, while we were planning this caper, all we did was sit around and tell fucking jokes. Got the message? When this caper's over, and I'm sure it's gonna be a successful one, hell, we'll go down to the Hawaiian Islands and I'll roar and laugh with all of you. You'll find me a different character down there. Right now it's a matter of business.] With the exception of Eddie and myself, who you already know, you'll be using aliases. Under no circumstances are you to tell one another your real name or anything else about yourself. That includes where you're from, your wife's name, where you might've done time, about a bank in St Petersburg you might've robbed. You guys don't say shit about who you are, where you been or what you've done. Only thing you guys can talk about is what you're going to do. This way the only ones who know who the members of the team are are Eddie and myself. And that's the way I like it. Because in the unlikely event of one of you getting

---

* Added during shooting.

apprehended by the cops, not that I expect that to happen – it most definitely should not happen – it hasn't happened, you don't have anything to deal with. You don't know any names. You know my name, you know Eddie's name. That I don't care about. You gotta prove it. I ain't worried. Besides, this way you gotta trust me. I like that. I set this up and picked the men I wanted for it. None of you came to me, I approached all of you. I know you. I know your work, I know your reputation. I know you as men. Except for this guy.

Joe points a finger at Freddy.

Freddy shits a brick.

But he's OK. If he wasn't OK, he wouldn't be here. Okay, let me introduce everybody to everybody. But once again, at the risk of being redundant, if I even think I hear somebody telling or referring to somebody by their Christian name ... *(Joe searches for the right words)* ... you won't want to be you. Okay, quickly. *(pointing at the men as he gives them a name)* Mr Brown, Mr White, Mr Blonde, Mr Blue, Mr Orange, and Mr Pink.

MR PINK Why am I Mr Pink?

JOE 'Cause you're a faggot.

Everybody laughs.

MR PINK Why can't we pick out our own color?

JOE I tried that once, it don't work. You get four guys fighting over who's gonna be Mr Black. Since nobody knows anybody else, nobody wants to back down. So forget it, I pick. Be thankful you're not Mr Yellow.

MR BROWN Yeah, but Mr Brown? That's too close to Mr Shit.

Everybody laughs.

MR PINK Yeah, Mr Pink sounds like Mr Pussy. Tell you what, let me be Mr Purple. That sounds good to me, I'm Mr Purple.

JOE You're not Mr Purple, somebody from another job's Mr Purple. You're Mr Pink.

MR WHITE Who cares what your name is? Who cares if you're Mr Pink, Mr Purple, Mr Pussy, Mr Piss...

MR PINK Oh that's really easy for you to say, you're Mr White. You gotta cool-sounding name. So tell me, Mr White, if you think ‹Mr Pink› is no big deal, you wanna trade?

JOE Nobody's trading with anybody! Look, this ain't a goddamn fuckin' city council meeting! Listen up Mr Pink. We got two ways here, my way or the highway. And you can go down either of 'em. So what's it gonna be, Mr Pink?

MR PINK Jesus Christ, Joe. Fuckin' forget it. This is beneath me. I'm Mr Pink, let's move on.

Camera leaves the team and goes to the blackboard with the layout of the jewelry store on it.

* [**JOE** *(off)* Okay, fellas, let's get into this.]

CUT TO:

** [**JOE** I'll move on when I feel like it. All you guys got the goddamn message? I'm so goddamn mad I can hardly talk. Let's go to work.

Joe turns towards the blackboard.]

* [EXT. BLEACHERS – DAY

Freddy and Holdaway sit on some bleachers in an empty little league baseball field.

---

* Cut from completed film.
** Added during shooting.

HOLDAWAY Okay, we're gonna station men across the street from Karina's Fine Jewelry. But their orders will be not to move in unless the robbery gets out of control. You gotta make sure they don't have to move in. You're inside to make sure that everything goes according to Hoyle. We have men set up a block away from the warehouse rendezvous. They got complete visibility of the exterior. So as soon as Joe Cabot shows up, we'll see it.

FREDDY What's your visibility of the interior?

HOLDAWAY We can't see shit on the inside. And we can't risk gettin' any closer for fear they'll spot us.

FREDDY This is bullshit, Jim. I get all the fuckin' danger of having you guys in my back pocket but none of the safety.

HOLDAWAY What's the matter, Newendyke? Job too tough for ya? No one lied to you. You always knew we'd hang back until Joe Cabot showed up.

FREDDY Oh, this is great. You ain't giving me no fuckin' protection whatsoever. But you are giving me an attitude.

HOLDAWAY Since when does an undercover cop have protection? Freddy, you came into this thing with your eyes wide open, so don't start screamin' blind man now. I understand you're nervous. I wish the warehouse had more visible windows, but it doesn't. We have to make do with the cards we're dealt.

FREDDY I didn't say I wasn't gonna do it. I'm just remarking on how shitty the situation is!

HOLDAWAY I don't mean be harsh with ya, but I've found tough love works best in these situations. We have to get Joe Cabot in the company of the thieves and in the same vicinity as the loot. We don't care about these other bastards. We're willing to offer them good deals to testify against Cabot.

FREDDY Isn't this risk unorthodox?

HOLDAWAY What?

FREDDY Letting them go ahead with the robbery?

HOLDAWAY The whole idea behind this operation is to catch Joe Cabot redhanded. We bust these hired hands, we ain't accomplished shit. Letting them go through with the heist is a risk, but Cabot's jobs are very clean. We got people surrounding the perimeter. We got a guy and a gal on the inside posing as a couple shopping for rings. We could replace the employees with cops, but we'd run the risk of tipping 'em off.

FREDDY That's out. They know the faces of who works what shift.

HOLDAWAY These guys are professionals. We're professionals. It's a risk, but I think it's a calculated risk.]

EXT. KARINA'S FINE JEWELRY – DAY

We see shots without sound, of the outside of the jewelry store. Customers coming and going. Store clerks waiting on customers through the windows.
While we look at this we hear, over the soundtrack, Mr White and Freddy talking off screen.

MR WHITE *(voiceover)* Let's got over it. Where are you?

FREDDY *(voiceover)* I stand outside and guard the door. I don't let anybody come in or go out.

MR WHITE *(voiceover)* Mr Brown.

FREDDY *(voiceover)* Mr Brown stays in the car. He's parked across the street till I give him the signal, then he pulls up in front of the store.

MR WHITE *(voiceover)* Mr Blonde and Mr Blue?

FREDDY *(voiceover)* Crowd control. They handle customers and employees in the display area.

INT. MR WHITE'S CAR (PARKED) – DAY

Mr White and Freddy sit in a car parked across the street from the jewelry store, staking it out.

MR WHITE Myself and Mr Pink?

FREDDY You two take the manager in the back and make him give you the diamonds. We're there for those stones, period. Since no display cases are being fucked with, no alarms should go off. We're out of these in two minutes, not one second longer. What if the manager won't give up the diamonds?

MR WHITE When you're dealing with a store like this, they're insured up the ass. They're not supposed to give you any resistance whatsoever. If you get a customer or an employee who thinks he's Charles Bronson, take the butt of your gun and smash their nose in. Drops 'em right to the floor. Everyone jumps, he falls down, screaming, blood squirts out his nose. Freaks everybody out. Nobody says fuckin' shit after that. You might get some bitch talk shit to ya. But give her a look, like you're gonna smash her in the face next. Watch her shut the fuck up. Now if it's a manager, that's a different story. The managers know better than to fuck around. So if one's givin' you static, he probably thinks he's a real cowboy. So what you gotta do is break that son-of-a-bitch in two. If you wanna know something and he won't tell you, cut off one of his fingers. The little one. Then you tell 'im his thumb's next. After that he'll tell ya if he wears ladies underwear. I'm hungry, let's get a taco.

CUT TO:
EXT. ALLEY – DAY

> *It's the moment of the robbery. The alley is empty.*
> *In the distance we hear all hell breaking loose. Guns firing, people shouting and screaming, sirens wailing, glass breaking ...*
> *A car whips around the corner, into the alley.*
> *The doors burst open, Freddy and Mr White hop out.*
> *Freddy opens the driver's side door. A bloody screaming Mr Brown falls out.*

MR BROWN *(screaming)* My eyes! My eyes! I'm blind, I'm fucking blind!

FREDDY You're not blind, there's just blood in your eyes.

> *Mr White loads his two .45 automatics. He runs to the end of the alley just as a police car comes into sight.*
> *Firing both .45s, Mr White massacres everyone in the patrol car.*
> *Freddy, holding the dying Mr Brown, looks on at Mr White's ambush in shock.*
> *Mr Brown lifts his head up, blood in his eyes.*

MR BROWN Mr Orange? You're Mr Orange, aren't you?

> *By the time Freddy turns his head back to him, Mr Brown is dead.*
> *Mr White runs up to Freddy.*

MR WHITE Is he dead?

> *Freddy doesn't answer, he can't.*

MR WHITE Did he die or not?

> *Freddy, scared.*

FREDDY I'm sorry.

MR WHITE What? Snap out of it!

> *Mr White grabs Freddy by the coat and yanks him along as he runs.*
> *They exit the alley and flee down a street.*
> *A car with female driver comes up on the two men.*
> *Mr White jumps in her path, stopping the car. He points his gun at her.*

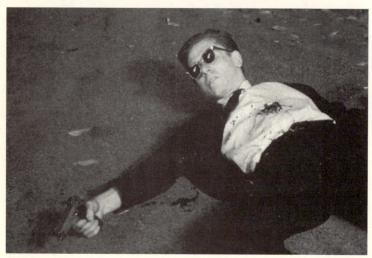

MR WHITE Hold it! Hold it! Right there.
Freddy comes towards the driver's side of the car.
The Female Driver comes up with a gun from the glove compartment.
MR WHITE Get out of the fucking car!
She shoots Freddy in the stomach.
On instinct Freddy brings up his gun and shoots her in the face.

CU – FREDDY

as he falls to the ground he realizes what's happened to him and what he's done.
Mr White drags the dead Female Driver out of the car. He shoves Freddy in the backseat and drives away.

INT. GETAWAY CAR (MOVING) – DAY

Freddy, holding his stomach and doubled over in pain, is crying.
We replay the scene between Freddy and Mr White in the getaway car.
Except this time, we never leave Freddy.

MR WHITE *(off)* Just hold on, buddy boy.
FREDDY I'm sorry. I can't believe she killed me ...

CUT FROM FREDDY IN THE BACKSEAT TO:
***[INT. NICE GUY EDDIE'S CAR (MOVING) – DAY**

Mr Pink is behind the wheel, Nice Guy Eddie is in the passenger seat going through the satchel with the diamonds. Mr White is in the backseat. The car is speeding back to the garage.

---

* Cut from completed film.

EDDIE *(looking through the case)* You know, all things considered, this was pretty successful.

MR WHITE   I don't believe you just said that.

EDDIE   No, it was messy as hell, but do you realize how much you got away with? There's over two million dollars worth of diamonds here.

MR PINK   I love this guy.

EDDIE   Hey, what's done is done. We can all sit around and have a big cry about it or we can deal with the situation at hand.

MR WHITE   The situation at hand isn't that fuckin' satchel. You and Joe have a responsibility to your men.

EDDIE   Hey, it's the best I could do.

MR WHITE   The man is fucking dying.

EDDIE   And I'm telling you, Bonnie'll take care of him.

MR WHITE   He needs a doctor, not a fuckin' nurse.

EDDIE   Ask me how many doctors I called. You wanna embarrass yourself, ask me how many doctors I called.

MR WHITE   Obviously not enough.

EDDIE   Fuck you! You gotta little black book, then whip it out. If not, listen how it is. I called three doctors and couldn't get through to shit. Now, time being a factor, I called Bonnie. Sweet broad, helluva broad, and a registered nurse. Told her a bullshit story, upside; she said bring him to her apartment.

MR WHITE   If he dies I'm holding you personally responsible.

EDDIE   Fuck you, buddy boy! Okay, you wanna play that way. I am personally leaving myself vulnerable with this Bonnie situation. I don't think she'll call the cops, but I don't know for sure. But me being too nice-a-fuckin-guy was willin' to risk it. But no fuckin' more. *(he grabs his portable phone)* I'm callin' Bonnie back and tellin' her to forget it. You take care of your friend, you know so much about it.

MR PINK   Goddammnit, will you guys grow up!

EDDIE I don't need to grow up, my friend. I am a grown up. I'm being responsible, I'm taking care of business.

MR WHITE Cut the shit! I don't think you called anybody except some cooze you once fucked, who happens to wear orthopaedic shoes. And I don't think that's good enough care for a gut-shot man.

EDDIE Yeah, well I don't give a flying fuck what you think!

MR PINK *(to Mr White)* Look, he's not sayin' this bitch is gonna operate on him. She's gonna give him better attention than we can until we can get a doctor. Nobody's forgotten about doctors. Joe'll get one in a snap. This is something we're doing in the meantime. I think both of you are actin' like a couple of assholes.

EDDIE Yeah, right. I arrange a nurse, I leave myself wide open, and I'm an asshole.]

INT. WAREHOUSE – DAY

Medium shot on the door. Nice Guy Eddie, Mr White and Mr Pink walk through it. They stop in their tracks.
We see what they see. Mr Blonde, lying on the ground, shot full of holes. The cop slumped over in his chair, a bloody mess, Mr Orange lying at the cop's feet, holding his wound. Eddie, Mr White and Mr Pink walk into the shot.

EDDIE What the fuck happened here?
Eddie runs over to his friend Mr Blonde/Toothpick Vic.

MR WHITE *(to Mr Orange)* What happened?

MR ORANGE *(very weakly)* Blonde went crazy. He slashed the cop's face, cut off his ear and was gonna burn him alive.

EDDIE *(yelling)* Who cares what he was gonna do to this fuckin' pig?
Eddie whips out his gun and shoots the cop. The cop and the chair tip over. Eddie stands over him and shoots him once more.

EDDIE *(to Mr Orange)* You were saying he went crazy? Something like that? Worse or better?

MR ORANGE Look, Eddie, he was pullin' a burn. He was gonna kill the cop and me. And when you guys walked through the door, he was gonna blow you to hell and make off with the diamonds.

MR WHITE *(to Eddie)* Uhuh, uhuh, what'd I tell ya? That sick piece of shit was a stone cold psycho.

MR ORANGE *(to Eddie)* You could've asked the cop, if you didn't just kill him. He talked about what he was going to do when he was slicing him up.

EDDIE I don't buy it. It doesn't make sense.

MR WHITE It makes perfect fuckin' sense to me. Eddie, you didn't see how he acted during the job, we did.

Mr Pink walks over to the cop's body.

MR PINK He's right about the ear, it's hacked off.

EDDIE *(to Mr Orange)* Let me say this out loud, just to get it straight in my mind. According to you, Mr Blonde was gonna kill you. Then when we came back, kill us, grab the diamonds, and scram. That's your story? I'm correct about that, right?

MR ORANGE Eddie, you can believe me or not believe me, but it's the truth. I swear on my mother's eternal soul that's what happened.

The camera moves into a closeup of Nice Guy Eddie.

There's a long pause while he rolls over what Mr Orange has said. Finally:

* [EDDIE You're fuckin' liar. Now why don't you drop the fuckin' fairy tale and tell me what really happened?

MR WHITE *(off)* He told you what really happened. You just can't deal with it.

MR ORANGE *(off)* Okay, you're right, I'm lying. Even though

---

* Cut from completed film.

I'm fuckin' dyin' I'm not above pullin' a fast one. Get rid of Blonde, we share his split – no, scratch that, I shot him 'cause I didn't like his hair style. I didn't like his shoes either. If it had just been his hair, I'd've maybe, maybe I said, let him live. But hair and footwear together, he's a goner.]

EDDIE The man you killed was just released from prison. He got caught at a company warehouse full of hot items. He could've walked away. All he had to do was say my dad's name. But instead he shut his mouth and did his time. He did four years for us, and he did 'em like a man. And we were very grateful. So, Mr Orange, you're tellin' me this very good friend of mine, who did four years for my father, who in four years never made a deal, no matter what they dangled in front of him, you're telling me that now, that now this man is free, and we're making good on our commitment to him, he's just gonna decide, right out of the fuckin' blue, to rip us off?

Silence.

Mr Orange, why don't you tell me what really happened?

VOICE Why? It'll just be more bullshit.

Eddie steps out of his closeup and we see Joe Cabot standing in the warehouse doorway. He walks into the room.

JOE *(pointing to Mr Orange)* This man set us up.

Camera does a 360 around the men.

EDDIE Daddy, I'm sorry, I don't know what's happening.

JOE That's okay, Eddie, I do.

MR WHITE What the fuck are you talking about?

JOE *(pointing at Mr Orange)* That piece of shit. Workin' with the cops.

MR WHITE, MR PINK, EDDIE What?

JOE I said this lump of shit is workin' with the LAPD.

MR ORANGE'S POV

Looking up from the floor at everybody.
Joe looks down at Mr Orange.

JOE Aren't you?

MR ORANGE *(off)* I don't have the slightest fuckin' idea what you're talkin about.

MR WHITE *(very calmly to Joe)* Joe, I don't know what you think you know, but you're wrong.

JOE Like hell I am.

MR WHITE *(very calmly)* Joe, trust me on this, you've made a mistake. He's a good kid. I understand you're hot, you're super-fuckin' pissed. We're all real emotional. But you're barking up the wrong tree. I know this man, and he wouldn't do that.

JOE You don't know jack shit. I do. This rotten bastard tipped off the cops and got Mr Brown and Mr Blue killed.

MR PINK Mr Blue's dead?

JOE Dead as Dillinger.

EDDIE The motherfucker killed Vic.

MR WHITE How do you know all this?

JOE He was the only one I wasn't a hundred per cent on. I should have my fucking head examined for goin' forward whan I wasn't a hundred per cent. But he seemed like a good kid, and I was impatient and greedy and all the things that fuck you up.

MR WHITE *(screaming)* That's your proof?

JOE You don't need proof when you got instinct. I ignored it before, but not no more.

He whips out a revolver and aims it at Mr Orange.
Mr White brings his .45 up at Joe.
Eddie and Mr Pink are shook awake by the flash of firearms.
Eddie raises his gun, pointing it at Mr White.

EDDIE Have you lost your fucking mind? Put your gun down!

Mr Pink fades into the background, wanting no part of this.

MR WHITE Joe, you're making a terrible mistake I can't let you make.

EDDIE Stop pointing your fuckin' gun at Daddy!

We get many different angles of the Mexican standoff.

MEDIUMS ON EVERYBODY

Mr Orange holding his belly, looking from left to right.
Joe pointing down on Mr Orange. Not taking his eyes off him.
Mr White pointing at Joe, looking like he's ready to start firing any minute.
Eddie scared shitless for his father, gun locked on Mr White.
Mr Pink walking backwards, away from the action.
Nobody says anything.

FOUR SHOT

of guys ready for violence. Mr Pink in the background.

MR PINK   C'mon, guys, nobody wants this. We're supposed to be fuckin' professionals!
Joe raises his head to Mr White.
JOE   Larry, I'm gonna kill him.
MR WHITE   Joe, if you kill that man, you die next. Repeat, if you kill that man, you die next!
EDDIE   Larry, we have been friends and you respect my dad and I respect you, but I will put fucking bullets right through your heart. You put that fucking gun down.
MR WHITE   Goddamn you, Joe, don't make me do this.
EDDIE   Larry, stop pointing that fucking gun at my dad!
Joe fires three times, hitting Mr Orange with every one.
Mr White shoots Joe twice in the face. Joe brings his hands up to his face, screaming, and falls to the ground.
Eddie fires at Mr White, hitting him three times in the chest.
Mr White brings his gun around to Eddie and shoots him.
The two men fall to their knees, firing at each other.
Eddie collapses, dead.
Joe's dead.
Mr Orange lies perfectly still, except for his chest heaving. The only sound we hear is his loud breathing.
Mr White is shot full of holes, but still on his knees, not moving.
Mr Pink is standing motionless. Finally he grabs the satchel of diamonds and runs out the door.
* [*We hear outside a car start. Then the sound of a bullhorn yells out:*
POLICE FORCE   *(off)* Freeze! Get out of the car and lie face down on the ground!

---

* Cut from completed film.

MR PINK *(off)* Don't shoot!]
> We now hear sirens, the sounds of more cars driving up, men running to the warehouse.
> While all this noise is going on, Mr White tries to stand but falls down. He somehow makes it to where Mr Orange lies.
> He lifts Mr Orange's head, cradling it in his lap and stroking his brow.

MR WHITE *(with much effort)* Sorry, kid. Looks like we're gonna do a little time.
> Mr Orange looks up at him and, with even more of an effort:

MR ORANGE I'm a cop.
> Mr White doesn't say anything, he keeps stroking Orange's brow.

I'm sorry, I'm so sorry.
> Mr White lifts his .45 and places the barrel between Mr Orange's eyes. The camera moves into an extreme closeup of Mr White.
> The sounds of outside storm inside. We don't see anything, but we hear a bunch of shotguns cocking.

POLICE FORCE *(off)* Freeze, motherfucker! Drop your fucking gun! Drop the gun! Don't do it!

Mr White looks up at them, smiles, pulls the trigger.

BANG

We hear a burst of shotgun fire.
Mr White is blown out of frame, leaving it empty.